S. Reigner

Seul l'espoir apaise la douleur

Simone Veil

Seul l'espoir apaise la douleur

récit

Flammarion/INA

Les photos du cahier hors-texte appartiennent
à la collection privée de Jean et Pierre-François Veil.

Témoignage de Simone Veil,
ancienne déportée née le 13 juillet 1927,
interviewée par Catherine Bernstein le 9 mai 2006,
« Mémoires de la Shoah », Fondation pour la Mémoire
de la Shoah/Institut national de l'audiovisuel.

ISBN : 978-2-0804-1527-1

Préface de Jean et Pierre-François Veil

Pendant tant d'années, ils s'étaient tus, confrontés à l'indicible, essayant simplement de survivre, de revivre, de reconstruire une vie après la mort.

Mais la promesse de raconter, faite à ceux qui ne sont pas revenus, a commencé à se faire entendre. Peut-être avec le temps, sûrement avec l'émergence de l'impensable révisionnisme et des élucubrations des négationnistes, la parole s'est imposée.

Pour aider cette parole si douloureuse, en 2006, sous l'impulsion de sa présidente, notre mère, la Fondation pour la Mémoire de la Shoah et l'INA ont imaginé le projet « Mémoires de la Shoah », confié à Mme Dominique Missika, qui a permis de recueillir plus de 100 témoignages, sous forme d'entretiens filmés. Face à la caméra, chacun raconte son histoire, sa famille, son parcours, son destin, son retour, toujours différent, mais toujours le même, celui d'une survie miraculeuse au cœur de l'enfer, par une succession de chances ou de hasards.

Grâce à l'engagement prolongé des équipes conduites par Mme Dominique Missika et avec le soutien de la Fondation pour la Mémoire de la Shoah, ces témoignages sont désormais disponibles sur le site de l'INA où ils constituent, par leur diversité et la richesse de leurs propos, une ressource unique sur le parcours des 76 000 Juifs déportés de France, dont moins de 2 500 sont revenus des camps de la mort.

Mais dans notre monde policé, même pour la mémoire de la Shoah, les contraintes administratives et juridiques s'imposent ; alors, très justement, chacun de ces témoins a bien naturellement autorisé en bonne forme l'utilisation de son entretien.

Chacun, ou presque…

C'est dans ces circonstances que, dans le courant de l'année 2020, nous avons été contactés par l'INA, en qualité d'ayants droit de notre mère, afin de délivrer cette autorisation indispensable, que personne n'avait jamais pensé à lui demander – tant, bien sûr, il ne pouvait y avoir de doute sur son engagement. Alors, pour nous permettre d'accorder ce sésame indispensable, l'INA nous a ouvert ses portes et nous a invités à visionner cet entretien dont nous ignorions jusqu'alors l'existence.

Chacun des enfants de ces plus de 100 témoins a ressenti, ou ressentira, la même émotion en face de l'image presque immobile de ce parent désormais disparu, qui raconte, pour la première fois ou non, l'irracontable.

Nous connaissions l'histoire de notre mère qu'elle ne nous avait pas cachée, l'histoire de ceux des nôtres emportés par les convois partis de Drancy. Cet entretien nous rappelle à nouveau l'impérieuse obligation de lucidité et de civilité qu'elle avait souhaité nous transmettre. Une anecdote, pourtant, justifie plus encore notre gratitude et notre reconnaissance à l'égard de l'INA autant qu'à la Fondation pour la Mémoire de la Shoah d'avoir voulu et porté ce projet.

Évoquant un colloque d'historiens souhaité et organisé au début des années 1980 par Hélène Ahrweiler, alors chancelier de l'université de Paris, pour combattre le révisionnisme, notre mère raconte l'opposition obstinée de l'historien en charge de l'organisation du colloque à tout témoignage ; il n'avait finalement accepté qu'à contrecœur, et parce qu'il lui avait été véritablement imposé, celui de notre mère, et l'avait formellement exclu des actes du colloque, au motif aussi sincère que stupide que, contrairement aux historiens, « les témoins n'ont rien à dire, leur parole est toujours biaisée ». Comme si l'histoire, depuis toujours, n'était pas faite d'abord de la mémoire des hommes et des femmes, autant que des archives, elles-mêmes constituées par des êtres humains et la mémoire de l'époque.

Désormais, les derniers témoins disparaissent, et la Shoah devient un sujet d'histoire plus que de mémoire ; alors, au-delà des statistiques et des archives, qui sont d'abord celles des assassins au demeurant obsédés par le secret et la dissimulation de leur crime, cette parole de survivants recueillie par l'INA constitue un témoignage unique et précieux pour l'avenir ; sa mise en ligne et les publications qui l'accompagnent sont autant de raisons de profondément remercier l'INA pour cette contribution exceptionnelle à la mémoire de la Shoah.

Jean et Pierre-François Veil

Avant-propos de Dominique Missika

Au nom des disparus

Mardi 9 mai 2006. Bry-sur-Marne (Val-de-Marne). Dans un des studios de l'INA, tout est prêt pour recevoir Simone Veil. Son arrivée est prévue à 13 h 30. Elle arrive, ponctuelle, comme à son habitude. Je remarque son tailleur mauve, chemisier assorti, son chignon d'où s'échappent quelques cheveux ; elle est à peine maquillée. Pas de boucles d'oreilles. Elle semble légèrement tendue. Après m'avoir saluée, elle prend place sans perdre un instant dans le studio : un drap noir, deux chaises, une caméra sur pied. Un cadreur et un technicien avec sa perche la saluent. Catherine Bernstein, qui est chargée de l'interroger, s'approche.

« On commence quand vous voulez. »

Catherine Bernstein pose sa première question :

« Madame Veil, pouvez-vous nous parler de votre famille ?

Dans une pièce attenante, je suis l'entretien sur un moniteur. Tout de suite, son regard me frappe. Elle ne porte pas ses lunettes. Ses fameux yeux verts sont perçants. Ce n'est pas la première fois qu'elle témoigne de sa déportation devant une caméra. Mais cette fois-ci, ce n'est pas un discours, ni une émission de télévision, ni une simple interview qu'elle donne. Elle est le cent unième témoin à enregistrer son témoignage dans le cadre d'une vaste campagne en vue de la constitution d'archives audiovisuelles, « Mémoires de la Shoah ». La mission que m'a confiée la Fondation de la mémoire de la Shoah présidée par Simone Veil consiste à recueillir 115 témoignages de déportés, d'enfants cachés, de Justes et d'acteurs de la mémoire. Au total, trois cents heures d'entretiens, ni montés, ni coupés, sont aujourd'hui consultables sur le site de l'INA (une centaine), à l'Inathèque (BnF, site François Mitterrand), au Mémorial de la Shoah, et à Yad Vashem (Tel-Aviv). Une interface, pensée comme un outil pédagogique, permet de naviguer dans ce corpus d'archives audiovisuelles et d'obtenir la transcription des entretiens.

Le choix de Catherine Bernstein pour recueillir la parole de Simone Veil s'est imposé. Réalisatrice de télévision talentueuse, Catherine Bernstein avait réussi un film magnifique, *L'Assassinat d'une modiste*, sur la quête d'un fantôme, sa tante, Odette Bernstein, morte en 1943 à Auschwitz. Grâce à son écoute attentive, mélange d'empathie et de curiosité bienveillante, Simone Veil s'est confiée sans réticence et en profondeur.

Au moment où elle répond à notre demande, Simone Veil n'a pas encore publié son autobiographie, sobrement intitulée *Une vie*, titre emprunté à Maupassant, l'un des auteurs préférés de son père. En revanche, elle est devenue la porte-parole internationalement reconnue des rescapés depuis son allocution le 27 janvier 2005, lors de la commémoration du soixantième anniversaire de la libération d'Auschwitz-Birkenau. À toutes les grandes tribunes, à l'ONU, au Conseil de l'Europe, en Allemagne, en Grèce, aux Pays-Bas, Simone Veil, infatigable, avait prononcé une série de discours marquants au nom des disparus. Témoigner partout et toujours pour que jamais on n'oublie ce qui a été.

Mais ce jour-là, c'est un témoignage intime qu'elle doit livrer. Dès les premiers mots, je la sens à la fois désireuse d'évoquer le passé et, en même temps, le redoutant.

Face à la caméra, Simone Veil déroule le film de sa vie. Son regard s'adoucit peu à peu. Un voile de tristesse passe par intermittence dans ses yeux transparents. Le rythme de ses paroles est par instants saccadé, comme si les images se bousculaient et les mots lui manquaient. Deux ou trois hésitations, quelques trébuchements, de longs et lourds silences, des phrases qui s'enchaînent.

Le soleil de Nice, une famille unie, une mère « belle comme Greta Garbo », un père architecte, les deux sœurs, Milou et Denise, Jean le frère, les cousin avec lesquels elle passe ses vacances au bord de la mer à La Ciotat. Un à un, elle s'attache à décrire tous les siens. Avec une tendresse infinie. Sans enjoliver. Son père, assez autoritaire, corrige ses fautes de français, surveille ses lectures, pas les résultats scolaires. Simone Jacob est la dernière, rebelle pour ne pas dire capricieuse, furieuse de ne pas être assise à table à côté de sa mère. Elle n'oublie de citer ni Antoinette Babaïeff, jeune femme russe qui travaille chez les Jacob, ni les promenades dans l'arrière-pays niçois pour cueillir des violettes avec son père.

Je reconnais son timbre de voix mesuré, grave et serein, les mots simples qu'elle choisit, sa diction précise qui retient l'attention. Je sais qu'elle a peur en permanence qu'on ne soit pas attentif et peur de ne pas le supporter. En face d'elle, Catherine Bernstein l'écoute et la relance de temps à autre, l'encourageant à poursuivre.

Une jeunesse insouciante. La guerre, la défaite, l'occupation italienne d'abord à Nice. Les Jacob se croient à l'abri. Ils sont juifs. Laïcs. Patriotes. Républicains. André Jacob est un ancien combattant de la Grande Guerre. Il se rend au commissariat pour le recensement imposé aux Juifs et chacun reçoit une carte d'identité avec le tampon rouge, Juif. Le rationnement, le *numerus clausus* qui prive André Jacob d'exercer son métier d'architecte, les économies qui fondent. Puis les Allemands envahissent Nice, la traque des Juifs s'intensifie. La famille se disperse. Simone Jacob, 16 ans, exclue du lycée, habite chez un professeur de lettres, ses parents logent à l'autre bout de la ville. Le 30 mars 1944, le lendemain des épreuves du baccalauréat anticipées par crainte du débarquement, Simone se promène dans les rues de Nice avec des camarades. Contrôle. Ses faux papiers ne trompent pas les Allemands. Tous les Jacob sont arrêtés, sauf Denise, qui, depuis quelques mois, a rejoint la Résistance à Lyon.

Le 13 avril 1944, Simone Jacob, 16 ans et demi, Yvonne, sa mère, 44 ans, et sa sœur Milou, 21 ans, montent à bord du convoi 71 à destination d'Auschwitz. Matricule 78651 pour Simone. Travaux de terrassement, le froid, la faim, le manque d'hygiène, les coups, la sélection, les haillons et, par-dessus tout, l'humiliation. Terrible. Hallucinant. À quoi tient la survie ? La chance, la solidarité. Pas entre toutes les déportées.

Ce qui l'a sauvée, dit-elle, c'est de n'avoir jamais été séparée de sa mère et de sa sœur. Et Simone, le sait, toutes celles et tous ceux qui ont connu sa mère gardent d'elle le souvenir d'une femme lumineuse et digne jusqu'au bout. On sent à quel point Simone Veil ne s'est jamais résignée à la mort de celle qu'elle a continué d'appeler, jusqu'à la fin de sa vie, Maman.

Dix-huit mois dans les camps. Le camp de Bobrek et l'usine de Siemens où les trois femmes travaillent. 18 janvier 1945, une marche atroce par un froid glacial. Le 30 janvier 1945, le camp de Bergen-Belsen après Gleiwitz et Dora. Le 28 mars 1945, la mort de la mère trois semaines avant la libération du camp par les Britanniques.

Impossible pour Simone Veil de ne pas citer ses camarades de déportation. Jamais elle ne les a perdus de vue. Ce sont d'eux qu'elle se sent le mieux comprise. C'est à eux qu'elle dit ce qu'elle n'a jamais raconté à son mari ni à ses fils. C'est avec eux qu'elle aime se retrouver, parce qu'il n'y a pas de jour où elle ne pense à la Shoah. Deux d'entre eux tiennent une place de choix dans son cœur. D'abord, sa « sœur » des camps, Marceline

Loridan, dont je publierai le premier livre, *Ma vie Balagan*, un an après avoir enregistré son témoignage dans le même studio. Cinq heures durant, la cinéaste nous avait tenus en haleine, racontant avec des mots crus, brutaux et directs l'enfer d'Auschwitz. Elles étaient dans le même bloc. Soudain, au beau milieu de l'enregistrement, Marceline avait éclaté de rire quand lui était revenu en mémoire le jour où, avec Simone Jacob, elles s'étaient cachées toutes les deux entre deux paillasses sous une maigre couverture pour échapper aux corvées.

L'autre ami, c'est Paul Schaffer, bel homme aux yeux bleus, que Simone Veil me présente le jour de la signature de la convention entre la FMS et l'INA au Mémorial de la Shoah. C'était le 9 juin 2005. Simone Veil m'avait prise à part. Elle souhaitait me présenter Paul Schaffer qui l'accompagnait. Elle l'avait rencontré au camp de Bobrek, en juillet 1944. Il avait 19 ans, juif viennois réfugié en France. Une profonde amitié était née. Ils s'étaient retrouvés l'été 1945 à Paris, et depuis ils ne s'étaient plus quittés. Il sera le quatorzième témoin de la série d'enregistrements.

Simone Veil aborde un sujet tabou, celui des relations sexuelles dans les camps. Oui, elles ont existé : « Les hommes n'aiment pas en parler », dit-elle sobrement. Sujet douloureux s'il en est : le retour. Jamais Simone Veil n'a parlé avec autant de « colère » de cette période. Le retour ne ressemblait pas à celui dont elle avait rêvé. Le délai interminable qu'elle ne cesse de rappeler entre la libération de Bergen-Belsen et le rapatriement à l'hôtel Lutetia, plus de cinq semaines après l'arrivée des Britanniques. Elle en avait retiré la désagréable impression que la vie des survivants comptait moins que celles des résistants ou des prisonniers de guerre. Eux avaient été rapatriés en train, certains en avion, elle et sa sœur Milou, rongée par le typhus, en camion. Ce ressentiment avait décuplé quand elle avait appris que sa sœur aînée, Denise, rentrée un mois avant elle de Mauthausen, était invitée à faire des conférences sur la Résistance. C'était clair. Il y avait d'un côté les déportés glorieux, les déportés politiques, et de l'autre, les déportés honteux, les Juifs, les déportés raciaux, disait-on.

Depuis lors, les deux sœurs, devenues Simone Veil et Denise Vernay, ne se comprenaient pas toujours. L'une portera la mémoire de la Shoah, l'autre celle de la Résistance. Dans cet entretien exceptionnel à bien des égards, Simone Veil se livre à cœur ouvert sur ses souffrances intimes, ses blessures, ses cicatrices mal refermées encore aujourd'hui alors qu'elle a presque 80 ans. À plusieurs reprises, une profonde mélancolie émane d'elle. Se souvenir est une épreuve.

Cet été du retour, Simone Veil souffre d'une immense solitude. Pas de nouvelles de son père et de son frère déportés dans les pays baltes. Ils ne reviendront pas. Orpheline, elle se sent comme « déplacée », ne sachant pas où aller ni à qui s'adresser. C'est une provinciale. Le 13 juillet 1945 elle a eu 18 ans. Elle ne connaît personne à Paris.

Blessure profonde de ne pas avoir été écoutée. Pire que l'incompréhension, l'indifférence. Rien ne l'indigne plus que la fausse idée selon laquelle les déportés n'ont pas voulu parler. Non, on ne les a pas écoutés.

Un devoir lui tenait à cœur. Pas ce fichu devoir de mémoire, expression galvaudée et fourre-tout. Non, l'obligation de transmettre et d'inciter à transmettre ce qu'avait été l'anéantissement des Juifs. Puisqu'elle avait eu la chance de rentrer, elle s'acquittait de la promesse faite à ceux qui étaient morts de parler en leur nom. Ce qu'elle voulait, c'était être entendue. Elle savait qu'elle ne serait pas comprise parce qu'on ne pouvait pas comprendre le camp quand on n'y avait pas été enfermé, mais on devait écouter les témoins et étudier leurs archives. Enfin, une des raisons qui la poussent à témoigner sans cesse est la peur de la banalisation. Son obsession : affirmer la singularité de la Shoah. Combattre les amalgames. Lutter contre la confusion des meurtres de masse. Il a fallu des années pour que l'holocauste s'inscrive dans la réalité de l'histoire de la France, minée par un rejet inavoué du passé, et ne laisse plus le champ libre à des contre-vérités et des amalgames dangereux.

Voilà près de trois heures qui se sont écoulées depuis le début de l'entretien. Aucun signe de fatigue ou de lassitude. Elle n'aura rien laissé de côté. Rien ne l'exaspère plus que l'approximatif, le flou, l'à-peu-près. Combien de fois, dans son bureau, rue de Rome, l'ai-je entendue pester contre des lettres mal rédigées, des notes mal ficelées qu'on lui avait soumises, des livres mal écrits ? Elle corrigeait tout, surveillait tout, Elle bataillait sans cesse contre les idées vagues ou fumeuses. Je plaidais la cause des malheureux qu'elle visait. Puis venait le moment où elle m'interrogerait sur mon travail, mes recherches, mes projets qu'elle soutenait. Avais-je avancé ? Elle attendait beaucoup de ceux et celles qui consacraient du temps à l'histoire de la déportation des Juifs de France.

Une après-midi n'avait pas suffi à Simone Veil pour répondre au questionnaire que nous avions établi pour tous les témoins. Sans la moindre hésitation malgré un agenda chargé, elle avait repris le chemin des studios de Bry-sur-Marne, le 17 mai 2006. Même dispositif, même tailleur mauve.

« Madame Veil, nous nous sommes vues la semaine dernière pour commencer ce témoignage. Est-ce qu'avant de poursuivre vous voudriez nous faire part d'une pensée qui vous est venue à la suite de ce témoignage ? »

Ses premiers mots sont pour reconnaître qu'elle avait eu le temps de « dire les choses les plus importantes ». Mais elle tient à souligner à quel point la transmission de la mémoire est essentielle à l'heure où disparaissent les derniers témoins. Et quand disparaîtront les témoins des témoins (dont je fais partie), quelle place occupera la Shoah ? Comment passer le relais de la mémoire aux jeunes générations ?

Passage étonnant où elle revient sur son tout premier voyage à Auschwitz après la guerre. On le sait peu : en janvier 1960, pour les 15 ans de la libération du camp, les Soviétiques organisent une cérémonie en l'honneur de l'Armée rouge. Edmond Michelet, compagnon de la Libération, ancien déporté à Dachau, alors garde des Sceaux est invité. Empêché de s'y rendre, il désigne Simone Veil, jeune magistrat dans son ministère, pour le représenter. En manteau de fourrure, déjà très à l'aise devant la caméra de l'envoyé spécial, la rescapée témoigne. Quand *Paris Match* la photographiera en janvier 2005 devant l'entrée du camp, ses fils et ses petits-enfants l'accompagneront.

Simone Veil tient à rappeler parmi les innombrables voyages auxquels elle a participé, celui à Bergen-Belsen où, en tant que présidente du Parlement européen, le 27 octobre 1979, elle rendra hommage aux Sinti et aux Roms qui y ont été assassinés par le IIIe Reich.

À la fin de l'entretien, notre protocole prévoit une séquence au cours de laquelle les témoins montrent à l'écran et commentent ce qui leur reste de la « vie d'avant », de rares photos de leurs parents, de leur enfance, parfois des messages sur des bouts de papier écrits du Vél d'Hiv ou jetés des trains qui roulaient vers Auschwitz, des fiches d'état-civil, des faux papiers, des cartes de rapatriement, des documents d'identité, d'infimes traces de leur histoire.

C'est au tour de Simone Veil de se prêter à l'exercice, ce qu'elle fait de bonne grâce. Son visage change, sa voix s'éclaircit, presque enjouée, pendant que, lunettes sur le nez, sourire aux lèvres, elle redevient la petite fille, espiègle et rebelle, ou malheureuse parce qu'elle n'est pas sur les genoux de sa mère. Moment émouvant, où feuilletant l'album de photos jaunies qu'elle a apporté, elle présente celles de son frère Jean qui rêvait d'être photographe, de Milou si douce, tuée dans un accident de voiture en 1952, de Denise avec qui elle partage ses souvenirs, elle fait revivre chacun des siens.

Et pour finir, reprenant un ton plus grave, elle aborde son engagement pour l'Europe. Rentrée de déportation, Simone Veil a comme retourné le statut de victime pour en faire le point de départ d'un combat, celui de la réconciliation franco-allemande à laquelle sa mère a cru jusqu'à son dernier souffle de vie à Bergen-Belsen. Un message d'espoir pour que les « jeunes aient un avenir qui ne soit pas obéré dès le départ, par des rancœurs, des haines et des désirs ». Il n'y a pas de réparation pour la peine et la souffrance. La tragédie de la Shoah est indélébile. Seul l'espoir qu'elle ne sera pas oubliée apaise la douleur.

Dominique Missika

Des gens tout à fait laïcs

Mes parents étaient tous les deux parisiens, et, par hasard d'ailleurs, ils étaient nés dans la même rue, l'avenue Trudaine, à Paris. Leur famille venait essentiellement d'Alsace et de Lorraine, de Strasbourg et des environs de Metz. Pour ce qui concerne mon père[1], nous avons retrouvé des documents de sa famille datant des années 1750-1760, dans un village où nous sommes allés il y a quelques années avec mes enfants, qui se trouve à, je ne sais pas, peut-être une dizaine ou une vingtaine de kilomètres de Metz. Il y a encore un cimetière très ancien situé sur une butte au-dessus du village, et où l'on a retrouvé des pierres tombales de mes ancêtres. Pour ce qui concerne ma mère, qui est née Steinmetz[2], c'est beaucoup plus

1. André Jacob (Paris, 1891-Lituanie, Estonie ?, 1944).
2. Yvonne Steinmetz (Paris, 1900-Bergen-Belsen, 1945).

difficile. Nous n'avons pas identifié beaucoup de familles, les éléments et les renseignements dont nous disposions ne nous ont pas permis d'aller très loin.

Des deux côtés de ma famille, il semble que depuis très longtemps – en tout cas, j'en ai la preuve du côté de mon père parce que j'ai retrouvé un testament de mon grand-père, ou même peut-être de mon arrière-grand-père, disant qu'il ne voulait pas de rabbin à son enterrement – c'étaient des gens tout à fait laïcs ; la religion semble avoir été absente depuis très longtemps. Dans la généalogie de mon père se côtoient des gens qui étaient dans le commerce, dans des professions diverses, mais absolument aucun rabbin – ce qui, je crois, est très rare dans les familles juives. Du côté de ma mère, j'ai beaucoup moins de renseignements, donc je ne sais pas. Mais ma grand-mère maternelle[1] était aussi tout à fait laïque. Pour mes parents, la religion n'existait pas, enfin leur attachement au judaïsme n'était pas du tout lié à la religion. Et j'insiste sur cet attachement parce que, en même temps, c'étaient des Juifs qui se reconnaissaient comme tels. Ils étaient parisiens d'origine, mais

1. Alice Weill (Bruxelles, 1863-Paris, 1953) épouse Gaston Steinmetz (Paris, 1855-1922).

étaient venus s'installer à Nice quelques années après leur mariage, parce que mon père était architecte. Il était prix de Rome d'architecture et il avait fait la guerre de 14. Ils se sont mariés en 1922, ils ont eu deux filles qui sont nées à Paris et ensuite ils sont venus vivre à Nice[1]. À l'époque, la Côte d'Azur semblait promise à un très bel avenir à cause du tourisme, notamment des Anglais. Mon père s'est installé comme architecte à Nice en 1924, mon frère est né en 1925 à Nice et moi j'y suis née en 1927. Nous n'avons plus quitté Nice jusqu'à notre arrestation.

Pour ma part, j'ai toujours trouvé cette ville très agréable et j'y suis restée très attachée, je me sens niçoise. Plus que mes sœurs aînées qui pourtant étaient venues aussi très jeunes mais qui n'avaient pas le même attachement à cette ville. Mes parents y ont mené pendant les premières années une vie assez facile, jusqu'en 1929. La crise a touché très particulièrement la Côte d'Azur, notamment tout ce qui concerne le tourisme, l'extension de la ville et de ses

---

1. Madeleine, dite Milou, épouse Jampolsky (Paris, 1923 - Meaux, 1952).

Denise, épouse Vernay (Paris, 1924 - Paris, 2013).

Jean (Nice, 1925 - Lituanie, Estonie ?, 1944).

Simone (13 juillet 1927-30 juin 2017) est née à Nice et elle est décédée à Paris.

environs ; mon père travaillait à la fois comme architecte à Nice et à La Ciotat, ce port où l'on réparait les bateaux. C'était avant tout un arsenal qui, à ce moment-là, avait commencé à se développer comme une ville de tourisme par rapport à Marseille, tout près. La crise de 1929 met un terme aux espoirs qu'il pouvait avoir pour sa profession, et le niveau de vie de mes parents s'en ressent de façon importante. Nous étions quatre enfants très rapprochés puisqu'il y avait cinq ans entre ma sœur aînée et moi qui étais la plus jeune. Nous vivions jusque dans les années 1930-1932 dans un immeuble très bourgeois, dans un quartier bourgeois de Nice, j'en ai de vagues souvenirs. Je me souviens surtout de la maison où je suis née et devant laquelle nous passions ensuite chaque jour sur le chemin du lycée, mais nous avons habité à partir de ce moment-là un quartier plus populaire et plus éloigné du lycée[1]. Ce déménagement traduisait la diminution du niveau de vie de mes parents.

1. Sa famille habite 50, avenue Georges-Clemenceau avant de déménager, après la crise de 1929, 1, rue Cluvier.

Tu l'embrasseras pour moi

Ma mère avait commencé à faire des études de chimie, elle les avait abandonnées parce qu'elle s'est mariée très jeune, avant d'avoir fini ses études. Elle était ce qu'on appelle une mère au foyer. Et comme souvent les mères au foyer qui étaient aidées à la maison, elle s'occupait de « la goutte de lait » : il ne s'agissait pas de dispensaires, mais plutôt de lieux d'accueil pour apprendre aux mères à s'occuper de leurs enfants, pour les aider matériellement et leur apporter un peu plus de facilité dans leur vie.

D'une façon générale, elle était surtout très disponible pour tous ses amis, pour tous ceux qui avaient un quelconque besoin d'un soutien ou d'une aide. C'était quelqu'un de particulièrement généreux, elle était très, très très belle. Mais elle ignorait complètement sa beauté, ça ne comptait pas pour elle. Elle était surtout extrêmement douce, ce n'est pas le mot, je n'aime pas beaucoup employer ce mot-là parce que ça donne à penser qu'elle n'avait pas de caractère, qu'elle avait une espèce de souplesse d'esprit, d'absence de pensée ou autre. Elle était surtout d'une générosité extraordinaire et d'une dignité... Je vivais très mal éloignée de ma mère, très mal. J'étais la plus petite, comme je vous l'ai dit nos différences d'âge n'étaient pas très grandes, mais il fallait que je sois toujours sur ses genoux, que je lui donne la main si on traversait la rue. Je faisais facilement un caprice si ce n'était pas moi qui lui donnais la main. De même, quand nous étions autour de la table, à des repas, un peu plus grande, j'ai toujours souffert de ne pas être à côté de Maman et d'être à côté de mon père, qui était beaucoup plus sévère. J'avais besoin de sa présence, c'était pour moi une chose, je dirais presque, je ne dirais pas de survie, mais essentielle, d'affectivité... Si le soir, même plus grande – ils ne sortaient pas énormément mais enfin ils avaient tout de même des amis –, si le soir elle ne m'embrassait pas avant de partir quand j'étais couchée, je ne m'endormais pas. Alors elle déléguait. J'aimais beaucoup ma sœur aînée, elle n'avait que cinq ans de plus, mais ça a toujours été pour moi ma seconde mère, un peu. Nous avons été déportées ensemble d'ailleurs toutes les trois. Alors, avant de sortir, Maman lui disait « tu l'embrasseras pour moi », et j'avais une double protection. La vie à la maison était une vie très familiale.

Je n'ai pas du tout souffert du déménagement, j'aimais beaucoup notre second appartement. Il était beaucoup moins confortable. Il n'y avait pas le chauffage central, un gros poêle au milieu de l'appartement le chauffait bien, les hivers à Nice étaient beaucoup moins froids qu'à Paris. Mais par exemple, un détail dont je me souviens au moment du déménagement et qui m'avait frappée, c'est qu'il y avait du carrelage par terre alors que dans l'ancien appartement, c'était du parquet. Ça traduisait une différence de confort, une différence de standing. De même, alors qu'il y avait un petit jardin dans la maison que nous habitions avenue Georges-Clemenceau, une belle avenue, il y avait à l'entrée de l'immeuble de la rue Cluvier une blanchisseuse. Mais en même temps, et je dois dire que je ne faisais pas de différence étant enfant, quand j'avais sept, huit ans, dix ans, il y avait un grand horticulteur juste en face de notre second appartement. Du balcon de notre chambre on pouvait regarder l'horticulteur. Nous avions même le droit d'aller nous promener, je trouvais ça très agréable. Le quartier, enfin la rue où nous habitions, était moins accueillant, mais c'était le quartier de l'église russe et on était très près de la campagne. J'ai toujours beaucoup aimé cette campagne à Nice.

On était comblés par la nature et ça comptait beaucoup dans ma vie. Il y avait, je ne sais pas, peut-être à dix minutes à pied à l'époque – aujourd'hui tout ça est construit malheureusement –, un petit bois, avec des mimosas, des violettes et on allait s'y promener. Donc ça compensait très largement pour moi le fait que le quartier était moins élégant.

Et puis nous habitions près de l'église russe qui est aussi un peu une reproduction des églises de Moscou. Elle avait été bâtie quand le tsar était venu au début du siècle à Nice. Beaucoup de Russes réfugiés à Nice après la révolution d'Octobre se rendaient dans cette église orthodoxe. La personne qui venait aider Maman était une Russe que j'aimais beaucoup, elle a dû arriver à la maison quand j'avais 3 ans, quelque chose comme ça, et elle nous a suivis quand nous avons déménagé. Comme j'ai eu plus tard des tresses, tout le monde croyait que j'étais russe, on me parlait russe dans le quartier. On me disait : « Mais enfin, tu renies ta nationalité de ne pas parler russe ! » ; et ils ne voulaient pas croire que ce n'était pas ma mère avec laquelle je me promenais dans le quartier. *(Elle sourit.)*

Elle s'appelait Antoinette[1], elle venait sûrement d'une grande famille russe. Elle s'était mariée

1. Antoinette Babaïeff.

jeune, elle avait un mari difficile. Quand nous sommes rentrées de déportation et que je l'ai retrouvée, elle m'a dit : « Tu sais, ne crois pas que j'aie regretté quelquefois la Russie. La personne que j'aimais le plus au monde, ça a été ta mère, j'ai été très heureuse chez elle. C'est sa… [disparition] qui a été le grand malheur de ma vie. »

Là je saute un pas puisque je parle d'elle et que j'aime en parler… Elle avait pu savoir le jour où nous serions déportés et nous l'avons aperçue, je crois que c'est la dernière personne au moment de la déportation que j'ai aperçue du train, elle nous faisait des signes. Elle a sûrement été une des personnes qui a le plus souffert de… que Maman ne soit pas rentrée. C'était pour elle comme une sœur. J'ai beaucoup aimé cette Antoinette. Maman ne faisait aucune différence, Antoinette travaillait à la maison, elle l'aidait, mais au fond, elle travaillait avec elle, comme elle aurait demandé de le faire à une sœur. Ce qui explique d'ailleurs que les gens dans le quartier croyaient qu'elle était ma mère, aussi bien que Maman. Quand ils ne connaissaient pas Maman et qu'ils me voyaient avec elle, c'est ce qu'ils pensaient. C'était donc une vie très très familiale.

Les prénoms maudits

Nous étions quatre. Ma sœur aînée était à peine plus âgée que la sœur qui venait ensuite. Mais il y avait une grande, une très grande différence. Ma sœur aînée, c'était la sage, elle ne faisait jamais de bêtises, elle était vraiment beaucoup plus posée, très sérieuse, très mûre probablement. Elle avait été assez malade étant jeune. Peut-être que c'est ce qui l'a rendue aussi mûre. Alors qu'avec la seconde sœur et mon frère, nous étions très proches, on s'aimait beaucoup, nous étions très liés, mais en même temps il y avait parfois de sérieuses bagarres. Et puis je pense, rétroactivement, que je profitais assez facilement de ma place de petite dernière, ce qui était peut-être quelquefois un peu difficile pour les autres.

Ma sœur aînée s'appelait Madeleine, en souvenir d'une sœur que mon père avait perdue, qui avait eu, je crois, la typhoïde ou je ne sais quelle maladie étant jeune. Ma seconde sœur s'appelait Denise, puis venait mon frère qui s'appelait Jean. Et moi qui m'appelle Simone, c'est un prénom ultra-classique de l'époque. La diversité des noms était beaucoup moins grande alors, je crois d'ailleurs qu'on était obligés plus ou moins vis-à-vis des officiers de l'état civil de choisir des prénoms qui figuraient sur la liste des saints, ce qui paraît très curieux aujourd'hui ! Mais les officiers d'état civil étaient sévères, et puis je crois qu'il y avait souvent des noms qu'on reprenait dans les familles, ceux des grands-parents, de gens qui avaient disparu et dont on voulait se souvenir.

Quand j'évoque cette question des prénoms, je ne peux pas ne pas penser à un cousin, cousin germain, qui était le fils d'une sœur de ma mère. Il s'appelait André[1], il était très très proche de nous, on passait toutes les vacances ensemble. Il s'appelait André en souvenir d'un de ses oncles qu'il n'avait pas connu puisqu'il avait été tué à la guerre de 14, je crois en octobre 1918. Et mon cousin André a été tué, lui, quelques jours avant la fin de

---

1. André Weismann, dit Poucet, cousin germain de Simone Jacob, fils de Suzanne Steinmetz, épouse Weismann, a été tué le 9 avril 1945 dans les derniers combats de la Libération. Il avait 20 ans.

la guerre. Il avait échappé à la déportation et il a été tué. Il est entré à l'École polytechnique et on a demandé pendant les vacances de Pâques 1945 s'il y avait parmi eux des volontaires pour faire la guerre. Je crois qu'ils sont partis quinze jours et le samedi, le dernier jour, il a été tué. Alors les prénoms qui sont comme ça des prénoms qu'on cherche à pérenniser, même si nous ne connaissons plus ça, les guerres entre Européens, ça me frappe toujours. Je pense, puisque dans ma pensée des choses s'entrecroisent, à une émission qu'a faite une fois Kohl quand il était chancelier, et il racontait comme ça que dans sa famille il y avait eu une série de garçons qui s'étaient appelés Walter dans les différentes guerres, et qui avaient tous aussi été tués. Si je dis ça, c'est pour montrer que ce malheur qui s'est pérennisé dans des familles allemandes ou dans des familles françaises, c'est tout de même quelque chose que nous ne connaissons plus aujourd'hui. Aujourd'hui on peut appeler plus facilement des gens par un prénom sans penser que ce seront des prénoms maudits.

(Elle marque une pause.)

C'était la vie

Donc c'était une vie facile. Les questions matérielles comptaient peu. Nous n'étions pas du tout exigeants, la mer était accessible à tous dès qu'il faisait beau. Mes parents aimaient beaucoup le ski, ils avaient même fait du ski quand ils étaient arrivés de Paris, j'ai des photos d'eux où ils ont des raquettes avant même qu'il y ait du ski, et ils allaient dans les stations de sports d'hiver relativement proches de Nice. À l'époque, il fallait compter une heure et demie de car, quelque chose comme ça, pour rejoindre soit Valberg, soit Allos. Très jeunes, ils ont emmené leurs enfants faire du ski également. En dehors de ça, nous ne faisions pas beaucoup de sport, mais le ski et la natation étaient les sports que l'on pratiquait dans la famille. À l'époque, j'aimais beaucoup la natation mais je n'ai jamais aimé le froid, alors je n'ai jamais été très skieuse. En plus, quand on a commencé à aller au ski – je devais avoir peut-être 4 ou 5 ans la première fois –, on logeait dans des chalets qui étaient mal chauffés, des chalets du ski club ou des choses comme ça, il y avait encore très peu d'hôtels. Il n'y avait pas de remonte-pente, donc il fallait monter en portant ses skis. Moi, j'étais petite, on me disait parfois : « Écoute, on revient, tu as ton déjeuner accroché à la ceinture. » J'avais 6 ou 7 ans peut-être et on me retrouvait frigorifiée, pleurant, et donc j'ai fait très peu de ski. Le reste de la famille y partait souvent, je restais chez des amis ou avec Antoinette. Et puis après mes parents en ont fait moins, ce sont surtout mon frère et mes sœurs, moi je n'ai jamais été une grande skieuse. J'ai pratiquement abandonné.

Je dirais que sinon en dehors de ça, notre vie… C'était une vie très… Une vie où l'on se croisait, s'entrecroisait beaucoup. Elle était faite du lycée, du scoutisme un peu plus tard et de la famille et des amis, et des amis de la famille. On retrouvait les mêmes amis d'ailleurs à travers les relations qu'avaient nos parents, et nos camarades de classe qui étaient en général aussi nos camarades de lycée, de scoutisme. Nous étions tous scouts, mon frère était louveteau, puis éclaireur, et les trois filles étaient éclaireuses[1].

1. Simone Jacob fut inscrite à la section neutre de la Fédération française des éclaireuses de Nice de 1940 à 1943.

Maman participait beaucoup à tout ça parce qu'elle accueillait d'abord très volontiers nos amies, la maison était toujours très ouverte, quelquefois certaines habitaient un peu en dehors de Nice et venaient déjeuner souvent. C'était une maison ouverte sans aucun luxe mais où il y avait toujours du monde... Toutes les amies étaient invitées et puis Maman nous faisait nos cravates d'éclaireuses. Enfin chaque fois qu'on avait besoin d'une mère pour participer ou travailler pour différentes choses, pour les kermesses de lycée ou pour les éclaireuses, elle était toujours là. Et la plupart de nos amies trouvaient chez nous quelqu'un de très accueillant, bienveillant.

Alors à la maison, ce qui est curieux, c'est qu'au fond mes parents étaient beaucoup plus attentifs à la culture que nous avions, à nos lectures, plus qu'à nos succès scolaires. Mon père était très attentif à ce que nous lisions. Nous n'avons jamais été, aucun d'entre nous, des élèves particulièrement brillants, très poussés. Du moment qu'on passait d'une classe à l'autre, c'était suffisant, on nous laissait tranquilles et on travaillait juste ce qu'il fallait pour ça. On ne se donnait pas un mal fou puisque nous étions justement très occupés par les éclaireuses, par les amies, par les promenades, parce que en dehors même de ces promenades, enfin de ces jeudis ou dimanches qui étaient consacrés au scoutisme, nous aimions aussi beaucoup aller marcher avec notre père dans les environs de Nice. Nous l'accompagnions aussi quelquefois quand il allait mesurer des terrains. À l'époque, la ville de Nice était plus limitée, il suffisait de prendre le tramway jusqu'à son terminus pour se retrouver vraiment en pleine campagne. Je me souviens d'endroits comme Biot, aujourd'hui complètement construits, ou un peu plus loin, il y avait des champs de coquelicots, des fleurs. Vence ou Saint-Paul-de-Vence, c'était en pleine campagne. Et on avait beaucoup de joie de la campagne, et les dimanches où il n'y avait pas de sortie d'éclaireuses, on partait déjeuner à la campagne, très proche de Nice. De même, si je n'aimais pas le ski, j'aimais beaucoup la mer, et il m'arrivait souvent en rentrant du lycée de faire un détour, qui n'était pas très grand, pour voir la mer, surtout pendant la guerre où l'on avait moins de distractions, la vie était plus difficile, j'étais plus âgée. J'ai toujours aimé beaucoup plus la mer que la montagne. La montagne, je trouve ça souvent triste, elle m'assombrit. Pour les vacances, j'ai toujours choisi plutôt d'aller au bord de la mer. J'aime beaucoup la campagne et je supporte très mal l'impression d'être sous la montagne. Des endroits comme Chamonix, que les gens aiment beaucoup pour faire de longues randonnées, je me sens un peu écrasée au contraire par la montagne. Je préfère les grands plateaux oui, mais la montagne qui vous domine m'écrase un peu. Voilà ça c'était une vie, c'était… c'était la vie.

Quand je dis que les choses étaient mélangées, c'est que nous avions les mêmes amies, bien souvent aussi les mêmes professeurs ; j'étais la dernière, et je retrouvais souvent les professeurs de mes sœurs. Maman venait souvent nous chercher, même quand nous étions grandes, ça n'était plus, plus du tout pour nous raccompagner mais simplement pour profiter de notre présence. Elle venait nous chercher et on la prenait d'ailleurs quelquefois pour la sœur aînée. Elle était vraiment un peu comme une sœur aînée, elle était aussi très proche de nos amies.

La bonne littérature

Je parlais de nos lectures, j'y ai repensé souvent, c'est curieux de penser que mon père qui était si attentif à ce que nous lisions n'ait pas été très attentif à notre travail, à nos résultats. En revanche, quand nous étions jeunes enfants encore, très jeunes, il nous faisait la lecture, il nous lisait les contes de Perrault, les *Fables* de La Fontaine, toujours des classiques. Plus tard, il ne supportait pas qu'on lise des petits romans idiots qui étaient à la mode quand nous avions 13-14 ans, des petits romans d'amour ou des choses qu'il considérait comme de la littérature, enfin pas de la littérature, comme vraiment des livres qui n'apportaient rien et qui étaient tout à fait ridicules. Alors je me souviens d'avoir été très étonnée quand, j'avais, je ne sais pas, 14 ans, il m'avait donné à lire Montherlant. Il n'aurait jamais accepté que je lise un petit roman anglais, « mal traduit en plus », ajoutait-il...

Je me souviens aussi très jeune d'avoir lu *La Sonate à Kreutzer* de Tolstoï parce que c'était une bonne traduction, c'était de la bonne littérature. Il ne supportait pas qu'on lise des magazines qu'il trouvait tout à fait vulgaires et tout à fait inintéressants. Il avait une conception très forte de ce qui pouvait nous cultiver, nous enrichir, et au contraire, de ce qui pouvait galvauder nos pensées, vulgariser nos façons de voir. C'était quelquefois un peu difficile, un peu décalé par rapport à ce que faisaient certains de nos camarades, mais en même temps, je crois que ça nous a beaucoup enrichis.

C'est la période de ma vie, la période de la guerre, où l'on sortait beaucoup moins, où j'ai certainement le plus lu ; j'ai gardé d'ailleurs, à mon retour de déportation, le goût de beaucoup lire. Malheureusement, j'ai ensuite eu beaucoup moins le temps de le faire. Mais je me souviens de la période où j'ai attendu mes enfants, où ils étaient très petits, j'ai eu l'envie, la possibilité de relire toutes les œuvres de Balzac les unes après les autres, ensuite on est toujours tentés par les livres plus… par ce qui sort. Mon père lisait peu de nouveautés. La littérature qu'on lisait, à l'époque, c'était Jules Romains, Duhamel, qui est aujourd'hui très démodé, même Gide qui avait tellement de succès dans cette période, je ne sais pas si on relit le journal de Gide, ça paraît assez décalé. Tout cela prenait beaucoup de place dans la vie, dans les conversations.

Ce qui est très curieux, c'est que mon père, qui était très attaché à la lecture, à la culture, qui aimait beaucoup la danse, n'aimait pas la musique. Et ça, c'était un litige entre mes parents puisque Maman aimait beaucoup la musique, elle se sentait très privée de ne pas aller aux concerts. À l'époque d'ailleurs il y avait beaucoup moins de concerts, certainement, à Nice, qu'il y en a aujourd'hui, c'est une ville qui s'est beaucoup développée, comme toutes les grandes villes de province, maintenant on a toutes les possibilités d'avoir chez soi des enregistrements excellents. Mais la musique était assez absente de la maison. Et c'était un grand regret pour Maman. En revanche, il aimait beaucoup la peinture, la sculpture surtout. Il n'y avait guère d'expositions à Nice, les musées étaient assez pauvres. On a aujourd'hui un très beau musée Chagall qui n'existait pas alors. On regardait plutôt des reproductions. Il y avait un piano à la maison, mais qui n'a jamais servi à qui que ce soit, ou fort peu. Nous avions pendant la guerre un cousin qui jouait du piano, qui habitait à la maison et qui devait jouer du piano. Mais sans ça, la musique était absente.

Tout le monde aimait Maman

Maman allait parfois au concert avec des amis, mais rarement. C'était une épouse qui sortait peu sans son mari. Un mari qui aurait voulu avoir sa femme pour lui tout seul. Je crois que c'était ça, la vérité. Il l'aimait beaucoup, c'était un bon père. Il aimait beaucoup ses enfants, mais ma mère était quand même sa propriété, et nous en souffrions, car elle était aussi notre propriété. On se la disputait beaucoup. *(Elle sourit.)* Et elle avait des amis qui voulaient avoir des droits sur elle. Mais mon père considérait que c'était surtout lui qui avait ses droits. Architecte, il avait fait construire successivement des maisons qui ont été revendues. La dernière maison qu'il a fait construire comme architecte date de 1941, quelque chose comme ça, nous étions à ce moment-là des adolescents, et il nous voyait déjà partis de la maison. C'était une toute petite maison[1], une

1. À La Ciotat (Bouches-du-Rhône).

chambre pour eux, une salle à manger, et puis il y avait pour les quatre enfants, qui étaient donc de jeunes gens – j'étais la dernière, j'avais 14-15 ans – juste une chambre avec deux paires de lits superposés. Enfants, on avait trouvé ça absolument extraordinaire : on s'était dit, ça y est, il est déjà installé dans sa maison avec sa femme. Il nous aimait beaucoup, mais son rêve, c'était d'être seul avec sa femme pour laquelle il avait une passion.

Tout le monde aimait ma mère. Et au camp, puisqu'elle a été déportée avec nous, mes amis conservent d'elle un souvenir exceptionnel, parce que même très malade, plus tard presque mourante, elle a toujours donné du courage à tout le monde, elle disait « on va rentrer, ça s'arrangera », elle aurait tout donné, ce qu'elle avait, quand elle avait quelque chose, elle était incapable de se défendre. Si elle avait un bout de pain, elle le donnait à quelqu'un dont elle pensait qu'il avait plus faim qu'elle. Et je crois que toute sa vie a été une vie de générosité, une vie vers les autres, sans avoir conscience ni de sa beauté exceptionnelle, ni de sa bonté exceptionnelle, ni de sa dignité. Car dans les périodes les plus difficiles, elle a toujours montré une dignité extraordinaire, *(plus bas)* vraiment extraordinaire.

La guerre est déclarée

C'est une date dont je me souviens pour une raison très précise : nous étions en vacances, nous avions de la famille à Paris, la sœur de ma mère. Les deux sœurs étaient très liées. Ma tante exerçait comme ophtalmologiste. Ils avaient une maison près de Paris[1]. Pendant longtemps, nous avons passé des vacances à La Ciotat. Et avec nos cousins, avec ce garçon, qui s'appelait André dont nous étions très proches, et une fille un peu plus âgée, nous passions toujours les vacances d'été ensemble. Cette année-là, nous n'y avons pas été. On devait probablement aller à La Ciotat plus tard, on avait

1. Suzanne Steinmetz, sœur aînée d'Yvonne Jacob, fut l'une des premières femmes ophtalmologistes. Elle avait épousé Robert Weismann, médecin des hôpitaux. Ils avaient acheté une maison de campagne à La Neuville-d'Aumont (Oise) où les Jacob venaient souvent.

passé des vacances près de Paris chez des oncles et tante qui avaient une maison près de Beauvais. Je me souviens : nous avions été à un camp d'éclaireuses au mont Aigoual, et ce camp d'éclaireuses n'avait pu durer que quelques jours parce que très vite, il y avait eu une épidémie de scarlatine. Chaque jour, il y avait un nouveau cas de scarlatine. Les cheftaines du camp avaient donc demandé à chacun de rentrer chez soi. Mes oncle et tante étant médecins nous ont dit : « Venez, on vous isolera, on isolera les sœurs qui ont eu la scarlatine, venez passer plus tôt les vacances chez nous près de Paris. » Mes deux sœurs ont été isolées, c'était l'été 39, pour ne pas donner la scarlatine aux autres enfants.

Je me souviens très bien, le jour de la déclaration de guerre, nous étions encore là, j'ai montré mes mains qui pelaient, vous savez, quand on a la scarlatine, on a les mains qui pèlent. Et c'est probablement moi qui avais donné la scarlatine à tout le monde et qui l'avais eue en premier. Je me souviens que j'avais mal à la gorge lors des premiers jours du camp d'éclaireuses. On m'avait dit : « Tu veux flemmarder, tu ne veux pas aller chercher du bois pour le feu pour cuire les choses, comme on faisait dans les camps scouts, écoute, tu n'as rien du tout. » En fait, c'était probablement un début de scarlatine, car ça commence comme ça. La quarantaine de mes sœurs s'est terminée le jour de la déclaration de guerre. Nous sommes alors partis tout de suite, nous sommes rentrés à La Ciotat, nous étions tous ensemble, nous avons entendu la déclaration de guerre. Mon oncle a dû être tout de suite mobilisé. Il avait été commandant pendant la guerre, et il était médecin, il est parti. Mon père, trop âgé, ne l'a pas été. On s'est retrouvés tous plus ou moins à La Ciotat. Mon oncle avait été furieux au moment de Munich, mes parents aussi, en disant qu'on avait cédé devant les Allemands, que la déclaration de guerre était inéluctable, mais n'imaginait pas ce qui allait advenir, comme personne d'ailleurs. Comme personne. Ça a été la drôle de guerre, si on peut dire. Nous avons repris la classe tout à fait normalement, il y avait tout de même un certain nombre de pères de nos amis qui étaient mobilisés, on avait de leurs nouvelles, il ne s'est rien passé jusqu'en mai 1940.

On avait du mal à les croire

Évidemment, en mai 1940, Nice s'est trouvé à l'abri, loin du front, mais les gens commençaient à arriver, venant du nord de la France. À Nice, avant le déclenchement de la guerre, en 1939-1940, on en avait beaucoup entendu parler, tout de même, de l'Allemagne, parce que dès 1933-1934, et surtout dans les années suivantes, il y a eu beaucoup de réfugiés, de réfugiés politiques, beaucoup venaient d'Allemagne mais aussi d'Autriche à partir de 1938. Ce qu'ils racontaient était épouvantable, tellement épouvantable qu'on avait quelquefois du mal à les croire. Enfin, on se rendait compte qu'il y avait tout de même des situations... Quand ils parlaient des personnes arrêtées, on les imaginait dans les camps, mais ils parlaient aussi de gens qui recevaient des boîtes dans lesquelles il y avait des cendres, ils racontaient tout de même beaucoup de choses terribles qu'on ne croyait pas. Aussi bien d'ailleurs pour ce qui concerne les camps des communistes et des sociaux-démocrates, et de la répression, qu'en ce qui concerne les Juifs. À Nice, ce sont surtout des Juifs qui ont été réfugiés, et on avait du mal à les croire.

On a eu des réfugiés chez nous. À ce moment-là, ceux qui étaient partis à temps avaient quand même un peu d'argent, ils n'étaient pas dans la misère. Maman s'est beaucoup occupée de les accueillir, elle allait voir comment on pouvait les aider à trouver du travail, à s'installer, à vivre, donc on était aussi informés qu'on pouvait l'être. Mais on faisait toujours la part des choses en disant : « C'est pas possible que ça se passe de façon aussi organisée et avec autant d'ampleur. » Je ne me souviens pas de la nuit de Cristal[1], comment ça s'est passé, enfin, je sais qu'on suivait les choses avec beaucoup d'inquiétude.

Mon père en parlait peu, parce qu'il trouvait que les parents n'avaient pas à parler politique devant les enfants. Avec le recul, j'ai tendance à penser que son refus de parler politique devant les enfants

1. Nom donné au pogrom déclenché dans la nuit du 9 au 10 novembre 1938 contre les Juifs du Reich à cause des vitres d'appartements, des vitrines de magasins et des vitraux des synagogues brisés.

venait probablement du fait que mes parents ne partageaient pas tout à fait le même point de vue. Mon père était sûrement plus conservateur, plus à droite que ma mère. J'avais observé qu'ils ne lisaient pas les mêmes journaux. Il y avait à Nice deux quotidiens du matin, l'un de droite, *L'Éclaireur*, l'autre *Le Petit Niçois*. Papa était souvent en voyage à La Ciotat pour son travail. Et quand il n'était pas là, Maman achetait *Le Petit Niçois*, sans ça elle ne le lisait pas... *(Elle sourit.)* Et puis, les hebdomadaires qu'elle lisait étaient de gauche, manifestement, et ça ne plaisait pas tellement à mon père. Il y avait sûrement entre eux un clivage politique qui venait d'ailleurs du fait que mes oncle et tante que j'ai évoqués, qui étaient médecins, avaient été peut-être sympathisants communistes. Moi, je ne les ai pas connus comme ça, mais un certain nombre de leurs amis avaient été en Union soviétique en 1934, et en étaient rentrés très déçus : ça n'était pas le paradis imaginé. Ils avaient dit au retour que c'était un voyage très décevant, avec certaines choses inacceptables. Mais j'avais beaucoup entendu mon oncle, quand la guerre d'Espagne a éclaté, dire « Je vais m'engager », ce qu'il n'a pas fait. Il était médecin des hôpitaux, je pense que c'était un pas difficile à franchir, enfin, il était politiquement plus à gauche que mon père, beaucoup plus. Jusque-là nous n'avions pas de TSF, je ne parle pas de la télévision qui n'existait pas. Mais à partir de 1940, on écoutait les nouvelles. Les clivages n'étaient plus les mêmes, c'était une autre façon de voir la politique. Peut-être un des derniers souvenirs encore de la guerre, c'est celui de Dunkerque. Le père d'un ami de mes parents avait fait Dunkerque, il était parti en Angleterre, et s'était fait rapatrier, ça avait étonné. Ça, et puis la déclaration de guerre.

J'ai un souvenir très précis de la déclaration de guerre par les Italiens, parce que mon père avait une vieille tante qui habitait Cannes, que nous allions visiter de temps en temps. Et nous avions été la voir au début du mois de juin. Sur le quai de la gare de Cannes, les journaux parlaient de ce coup de couteau dans le dos qu'était la déclaration de guerre des Italiens[1]. Il y avait alors à Nice beaucoup de gens qui ressentaient une haine, comme c'étaient les voisins, une grande haine envers les Italiens qui avaient été autrefois au fond les propriétaires du comté de Nice, autrefois rattaché à l'Italie, et qui avaient très peur que la déclaration

1. Le 10 juin 1940, l'Italie entre en guerre au côté de l'Allemagne.

de guerre et la défaite ne soient pour eux une occasion d'annexer l'ancien comté de Nice, et qu'on se retrouve coincés à Nice sans pouvoir rien faire. Quand il y a eu l'armistice[1], mon père tout à coup s'est dit « Nice va être annexé », et on nous a fait partir. Il nous a mis dans le train, les quatre enfants, pour rejoindre nos oncle et tante, qui s'étaient enfuis de Paris à Toulouse, en se disant, comme ça, ils ne deviendront pas Italiens. C'était une crainte énorme qu'il avait, cette annexion de Nice par les Italiens. En fait, nous ne sommes restés que très peu de temps à Toulouse, en juin 1940. Nous y étions au moment du 18 juin et mes oncle et tante nous ont renvoyés à Nice car ils ont essayé de partir pour l'Angleterre, mais ils n'ont jamais trouvé de bateau. Ils ont dû revenir et ils ne sont pas arrivés à quitter la France comme ils le souhaitaient. Voilà, ça c'est la période de l'année 40. Drôle de guerre, comme on disait, qui s'est si mal terminée.

Là aussi il y a eu un grand clivage entre mon père et mes oncle et tante. Pendant longtemps, mon père n'a pu imaginer que Pétain, qui avait été

1. Le 17 juin 1940, l'armistice entre la France et le IIIe Reich est signé.

pour lui le vainqueur de Verdun, pourrait collaborer avec les Allemands comme il l'a fait. C'est probablement une des raisons pour lesquelles, quand on a dû faire tamponner nos cartes d'identité avec la marque juive, il n'a jamais imaginé les conséquences que cela pourrait avoir. Il avait fait la guerre de 14-18, il avait été prisonnier une partie du temps, il haïssait les Allemands, comme ces descendants de familles alsaciennes qui avaient quitté l'Alsace occupée pour venir en France. Mais ma famille paternelle alsacienne était venue bien avant la guerre de 1870. Et une partie de la famille était restée. Mon père n'imaginait pas que Pétain puisse collaborer avec les Allemands. Et surtout qu'il puisse ne pas reconnaître ce que représentaient les Français anciens combattants, même s'ils étaient juifs. Sa prise de conscience a été très tardive. Pourtant, avec le statut des Juifs[1], il n'a très vite plus pu travailler, il prenait des prête-noms. Il a pu un peu continuer car des amis architectes lui donnaient du travail. Il ne pouvait pas imaginer que la France le trahisse. Il était très patriote.

1. Le deuxième statut des Juifs promulgué le 2 juin 1941 fixait un *numerus clausus* pour les médecins, les avocats, les notaires, les pharmaciens, les chirurgiens-dentistes, les sages-femmes, les architectes. Ils perdaient le droit d'exercer leur profession. Quelques rares dérogations étaient prévues.

Je ne savais pas ce que c'était, être juive

Au lycée[1], il n'y a eu aucun changement. Je n'y ai pas souffert d'antisémitisme. La seule fois où j'ai eu une remarque antisémite, ça remonte, et c'est la première, ça a eu lieu quand j'étais au jardin d'enfants. Je parlais de toute cette symbiose entre la famille, le lycée et le scoutisme. Il y avait un lycée de filles, qui existe toujours d'ailleurs, où les garçons étaient accueillis jusqu'en 7e, pendant les classes primaires. Et comme mes sœurs y allaient, elles m'emmenaient le matin. J'allais au jardin d'enfants à 4 ans, 5 ans. Dans la cour des petits, je revois une camarade… C'est probablement mon premier souvenir. Et elle me dit : « Tu es juive, ta mère mourra brûlée en enfer. » Et c'est un souvenir qui m'a… Je suis rentrée en pleurs à la maison, naturellement. Mes sœurs devaient-elles me ramener

1. Lycée de jeunes filles Albert-Calmette.

à ce moment-là, ou Maman était-elle venue me chercher ? J'étais donc rentrée en pleurs, et j'ai raconté ça. C'est tout de même extraordinaire, c'était en 1931, quelque chose comme ça, et je crois qu'après, j'ai passé toute la guerre sans aucune remarque antisémite.

Au fond, je ne savais pas alors ce que c'était, être juive. Mais je l'aurais sans doute su un an après cette remarque au jardin d'enfants. Mes sœurs le savaient, on était juifs, c'est comme ça. Mais nous n'allions jamais à la synagogue, nous ne fêtions aucune fête. Les fêtes, on ne les connaissait pas. J'ai appris beaucoup plus grande, je me souviens très bien, c'était en 37, ce qu'était Kippour. Nous étions venus voir nos cousins et cousines à Paris pour l'Exposition universelle. Maman y allait une fois chaque année, mais en général, elle ne nous emmenait pas. Les trajets en train étaient beaucoup plus longs et coûteux, avec quatre enfants petits. C'était tout de même compliqué, donc nous ne faisions que passer par Paris lorsque nous nous rendions à la campagne chez mes oncle et tante. On était donc allés à l'Exposition universelle, avec nos cousins et cousines. Un adulte nous accompagnait sûrement, je ne sais pas qui. Quand on est rentrés, on y avait passé la journée, on a dit qu'on avait déjeuné ; au pavillon d'Alsace, on avait mangé une choucroute. Une grand-mère de mes cousines était là. Ça devait être notre grand-mère à nous qui nous avait emmenés, la grand-mère paternelle de mes cousins. Et quand elle a appris qu'on avait mangé ce jour-là une choucroute avec du porc, elle a été horrifiée : c'était le jour de Kippour, et elle avait jeûné. *(Elle rit.)* Voilà comment j'ai appris ce qu'était Kippour !

Une autre fois, une cousine m'avait emmenée à la synagogue, je crois que c'était plus tard, en 1939, juste avant la guerre. C'était une cousine italienne qui allait à la synagogue et qui m'avait emmenée. Mon père lui a dit : « Si j'apprends encore une fois que tu l'as emmenée à la synagogue, tu ne mettras plus jamais les pieds chez nous. » Je ne pense pas du tout qu'il était franc-maçon, mais il était profondément laïc, comme d'ailleurs Maman. Tout à fait laïc, avec un humanisme, une philosophie et une morale extrêmement exigeants.

Je me souviens d'avoir été très choquée, je ne sais plus, dans les années 1975-1976, peut-être même après, lors d'une émission – je ne dirai pas avec qui parce que cette personne est toujours dans la politique, ou plutôt dans les services sociaux, les œuvres et autres – où l'on a parlé laïcité. Cette personne a dit : « Pour être généreux, il faut être chrétien » ; puis il s'est repris, et il a ajouté : « même catholique ». C'était une radio très libre, mais de tendance catholique, installée près de Sèvres. Les gens étaient eux-mêmes surpris, et je suis intervenue :

— Comment vous pouvez dire une chose pareille ?

— Parce que c'est pour plaire à Dieu.

— C'est épouvantable ce que vous dites !

J'étais choquée.

— Quand je pense à ma mère qui était la personne la plus généreuse, et que vous êtes capable de dire…

— On ne fait pas les choses pour plaire à Dieu ! On fait les choses par rapport à la morale, par rapport aux gens qu'on aime, simplement parce qu'on ne peut pas supporter soi-même de voir des gens souffrir. Nous devions même être dans les années 1980, parce que j'avais été au gouvernement et que je n'y étais plus. J'avais pris ces propos comme une blessure très forte par rapport à qui était Maman, une femme vraiment capable de donner son pain quand elle était en déportation, et sa chemise auparavant…

Les premières arrestations

La vie matérielle était très difficile. Certes, Nice est une région où l'on trouve des fruits l'hiver, des oranges et des mandarines, mais au fond, il n'y avait pas tellement de cultures. On allait chez les paysans, ma sœur surtout, moi je n'ai jamais été très sportive. J'étais encore jeune. Ma sœur avait une bicyclette, elle essayait de trouver de quoi acheter alentour. On faisait des queues terribles chez l'épicier. On mangeait très mal. On a eu très faim. Je me souviens en 1942-1943, on avait vraiment faim. Il n'y avait plus rien. On recevait quelquefois des colis d'autres régions. Mais nous n'avions pas de famille à la campagne qui pouvait nous envoyer quoi que ce soit. Maman faisait beaucoup la queue. Je ne sais pas si on pesait le pain, mais presque, on le coupait en tranches égales. D'ailleurs, en classe, on nous distribuait du pain pour qu'on ait tout de même un peu plus à manger. Les gens avaient tous beaucoup maigri. Mon père avait perdu 35 kilos, il était grand, mais il n'était pas gros. Certains pouvaient faire du marché noir, pas nous.

Puis notre famille parisienne du côté maternel est venue habiter un moment chez nous, donc on était encore plus nombreux. Ensuite ils sont partis s'installer à Toulouse puis en Suisse car ils y avaient de la famille. Ensuite, il y a eu la famille de mon père. Mon oncle[1] avait été arrêté en 41, puis libéré, et ils sont restés quelque temps à se cacher. Ils ont dû quitter Paris, mais ils ne sont pas venus à Nice tout de suite. Ils logeaient dans un appartement pas très loin de chez nous et ils sont venus prendre leurs repas à la maison pendant assez longtemps.

Je pense que les enfants qui n'ont pas été déportés, mais dont les parents l'ont été, ont parfois eu un sort pire que ceux qui ont été eux-mêmes déportés. On n'arrive pas à le supporter ni à l'imaginer. Je vois ma cousine… Quand Maman

1. Pierre Jacob, son épouse Suzanne et leurs trois enfants Francine, Micheline, François ont passé clandestinement la ligne de démarcation. Pierre Jacob, ancien combattant et décoré de la Légion d'honneur, a été arrêté à son domicile à Paris le 12 décembre 1941 lors de la rafle dite des notables, et interné au camp de Compiègne. Il a été relâché pour raisons médicales.

est morte au camp... elle était dans un tel état... *(elle marque une pause)* que je me suis dit que c'était presque une délivrance... Ceux qui n'ont pas été au camp ont vécu des angoisses, des moments terribles[1]. Je suis toujours frappée par ça. La détresse des enfants qui ont été cachés ou qui, sans avoir été cachés vraiment, ont eu à attendre le retour de leurs parents, ils ont attendu d'abord la période de la libération du territoire, ensuite la fin de la guerre, et chaque fois, ils ont espéré. Nous, on l'a vécu sur le moment, on pensait ne pas rentrer, ce n'est pas pareil. *(Elle marque une pause.)* Voilà.

Début juillet 1941, les Juifs de la zone sud ont dû se faire recenser. On a tous été obligés de faire tamponner nos cartes d'identité. À ce moment-là, on habitait toujours dans notre appartement rue Cluvier. On ne songeait pas du tout à déménager, à changer de vie, et donc ça ne m'est même pas venu à l'idée de ne pas y aller. Ma sœur a dit que j'ai toujours été beaucoup plus méfiante, que j'avais dit qu'il ne fallait pas le faire. Je n'en ai pas

---

1. Francine et Micheline Jacob ont été cachées dans une famille en Isère. Leurs parents et leur frère François ont été arrêtés à Nice et déportés le 26 avril 1944 à Auschwitz. Ils ne sont pas revenus.

le souvenir. On ne se sentait pas réellement menacés. Des étrangers avaient été arrêtés, on le savait. Mais je crois que le reste, mon père ne pouvait pas l'imaginer[1].

Son frère, qui était donc ingénieur centralien, avait une entreprise pour laquelle un administrateur provisoire avait été nommé, c'était une entreprise qui fabriquait des chaudières, je ne sais plus exactement... Il a été arrêté en décembre 1941 lors de la grande rafle des Juifs français exerçant des professions libérales, commerçants, médecins, avocats et ingénieurs. Il a été interné à Compiègne et comme il était très malade, il a été libéré et c'est alors qu'il est venu, ou un peu plus tard, habiter Nice. Comme ce sont les Allemands qui ont fait la rafle de 1941, mon père pensait qu'avec les Français, aussi longtemps que Nice avait ce statut, cela ne pouvait pas lui arriver. Nous arriver.

En août 1942, on a connaissance d'arrestations d'étrangers[2]. D'ailleurs, certains viennent habiter à

---

1. À la fin du mois de juillet 1941, André Jacob s'est rendu au commissariat de police de son quartier pour le recensement imposé à tous les Juifs français et étrangers.

2. Six semaines après la rafle du Vél d'Hiv, une vaste rafle fut organisée en zone libre à l'initiative de Vichy pour livrer aux Allemands les Juifs étrangers et apatrides internés dans les camps, assignés à résidence ou réfugiés.

la maison pendant quelques jours. Mais on ne les garde pas très longtemps parce qu'on pense qu'ils risquent d'être arrêtés même chez nous. Il y en a eu à plusieurs reprises, je crois d'ailleurs qu'ils sont venus par l'intermédiaire de mon frère qui entretenait plus de relations avec l'extérieur. Papa voyait très peu de gens. Je crois que c'est lui qui nous a dit un jour : « Il y a des gens qui ne savent pas où aller et qui sont là quelques jours. » Je me souviens qu'on était très étonnés parce qu'ils étaient très pieux ; le vendredi soir, il fallait qu'on éteigne la lumière, ou bien les garçons portaient une kippa, des choses comme ça… Nous étions toujours aussi éloignés de la religion. Ils étaient venus à la maison, puis sont repartis assez rapidement le temps de trouver une filière. Parce qu'il y avait tout de même quelques filières pour pouvoir quitter Nice.

À partir de là, je fais pas mal de confusion dans les dates, dans ce qui a changé… Je me souviens qu'en novembre 1942, on a vu des Italiens en uniforme, on riait de leur casque avec des plumes de coq… Au fond, je n'ai pas eu le sentiment qu'il y avait un grand changement dans notre quotidien. J'allais toujours au lycée, la vie continuait. Ce qui a changé du jour au lendemain, c'est la capitulation des Italiens et l'arrivée immédiate de la Gestapo avant même qu'il y ait des soldats allemands[1]. Jusque-là, on avait une camarade de classe qui était d'origine italienne, ça on le savait. On savait que son père était italien. On a appris que son père était un des responsables sous l'Occupation. Je ne crois même pas qu'elle ait été boycottée. La meilleure amie de Maman était une Italienne, on avait des raisons de penser que ses parents étaient sûrement fascistes. Mais on n'a pas mesuré, je crois, politiquement ce que ça représentait, le fascisme. Au fond, on ne le mettait pas du tout sur le même plan que le nazisme, et je ne sais même pas si on imaginait à l'époque que des Juifs étaient arrêtés et déportés en Italie. C'est d'ailleurs curieux, parce que mon père avait eu très peur d'une annexion italienne, cette idée lui faisait horreur. Les Italiens étaient tout de même beaucoup moins diabolisés, je dirais, remarquez qu'en un sens, c'est vrai qu'ils n'ont pas été au bout du parcours de la même façon. Enfin, tout de même, c'est le régime de Mussolini qui a arrêté et déporté un certain nombre de Juifs[2]. En France, sous protectorat italien, les Juifs étaient plus

1. Le 8 septembre 1943, à la suite de la chute de Mussolini et de l'armistice entre l'Italie et les Alliés, les Allemands envahissent Nice.

2. Près de 8 600 Juifs ont été déportés depuis l'Italie.

protégés, proportionnellement, que dans d'autres régions ; aussi longtemps que les Italiens étaient là, ils ont été plus protégés. Et ensuite, alors là, du jour au lendemain…

Je suis en danger

Je peux dire que c'est le 8 septembre, le 8 ou 9 septembre, et que dès le lendemain les rafles ont commencé[1]. Ma meilleure amie du lycée avait des parents d'origine alsacienne qui tenaient une très grande pharmacie juste en face du lycée de filles. C'était une famille juive très connue à Nice et le lendemain du jour où la Gesta… où les Allemands sont arrivés, c'est-à-dire le lendemain de l'armistice italien, mon amie, qui avait un an de plus que moi ou quelques mois de plus, et ses parents ont été arrêtés et déportés[2]. Le lendemain.

1. Les arrestations des Juifs commencent dès le 10 septembre 1943 avec l'arrivée du SS Alois Brunner qui organise le ratissage systématique de tous les Juifs de la Côte d'Azur.

2. Colette Ewselmann, 17 ans, qui habitait 12, avenue du Maréchal-Foch, avec ses parents, un couple de pharmaciens, est arrêtée. Elle est déportée avec ses parents le 7 octobre 1943 à Auschwitz d'où ils ne devaient pas revenir.

À l'époque, je l'ai su tout de suite. Mon frère d'ailleurs a pensé que ce serait encore plus difficile pour un garçon, et il a essayé de quitter Nice. Il y avait dans les Basses-Alpes ou dans les Alpes-Maritimes, un grand espace qui était un camp scout avec une vieille maison, toute une installation [1]. Il a essayé de s'y rendre pour s'y cacher, et il a été refoulé. Il est revenu, et n'a pas pu trouver à se cacher, il a essayé un ou deux endroits et en définitive, il est resté à Nice. À ce moment-là, les arrestations ont commencé à Nice. Elles se sont d'ailleurs beaucoup faites par rafles dans la rue par des petites équipes de la Gestapo. Deux ou trois personnes en civil. Je parlais des Russes plus tôt, on ne va pas mélanger tous les Russes, mais certains ont été, tout de suite, des complices... Ils se sont intégrés complètement dans la Gestapo, ils les ont aidés, ont dénoncé des gens qu'ils connaissaient et surtout ont procédé à des arrestations [2]. Pour eux, c'était le combat contre le communisme.

---

1. Les Courettes, gîte pour les scouts au-dessus de Tourette-sur-Loup, dans l'arrière-pays niçois.

2. Le SS Alois Brunner s'est appuyé sur des délateurs et des « physionomistes » qui semaient la terreur dans les rues de Nice. Ils obligeaient les hommes à baisser leur pantalon, et s'ils étaient circoncis, ils étaient arrêtés immédiatement.

À ce moment-là, par l'intermédiaire de mon frère, je crois, ou par d'autres gens, on prend tous des faux papiers et on change de nom[1]. Est-ce qu'on déchire nos papiers ? Je ne sais plus. Nous étions au mois de septembre, on est rentrés au lycée le 1er octobre. J'ai dû y rester deux ou trois mois, quelque chose comme ça. Au lycée, j'étais inscrite sous le nom de Jacob.

Tout le monde savait que j'étais juive et au bout de deux ou trois mois donc, la directrice me fait dire qu'elle souhaite que je ne vienne plus au lycée[2]. Parce que, probablement, une élève avait été arrêtée. Je crois que la directrice précédente était une femme franc-maçonne, ce qui n'était pas tellement fréquent à cette époque, et c'était pour ça qu'elle avait été mise à la porte quelques années plus tôt. Ensuite, il y a eu cette directrice qui était… – on ne savait pas ce qu'elle pensait – pas très agréable. Pourtant, au lycée, quelques élèves dessinaient une croix de Lorraine, mais il ne s'est jamais rien passé au lycée de filles, aucun incident. Je pense qu'au lycée de garçons, c'était peut-être plus rigoureux.

---

1. Les Jacob deviennent les Jacquier.

2. Entrée en classe de terminale (philo et lettres), Simone Jacob a été exclue du lycée de jeunes filles le 18 octobre 1943. Le motif inscrit sur le registre est : départ.

Donc la directrice me signale qu'elle souhaite que je n'aille plus au lycée et immédiatement des camarades de classe – j'étais en terminale, en section philo – me font dire qu'elles me donneront les cours, que les professeurs proposent de corriger mes copies. J'ai pu continuer à travailler pour mon bachot. Ce n'est pas comme si j'avais été en maths élem ou en première, il y avait surtout des dissertations à rendre. Probablement aussi qu'on était plus coulant à l'époque.

Nice était assez instable parce que beaucoup de gens commençaient à penser qu'il pouvait y avoir un débarquement, il y avait des travaux le long de la mer. Comme on pensait que Nice pouvait être évacuée à cause d'un débarquement éventuel, le bachot a été avancé fin mars et les classes se sont terminées tôt. Avant cela, quand je quitte le lycée, j'habite déjà chez une femme[1], qui avait été professeur de mes sœurs, une agrégée de latin-français-grec qui avait déjà trois ou quatre enfants, je crois… C'est elle qui propose de m'héberger parce qu'elle sent que je suis en danger.

1. Mireille de Villeroy habitait boulevard Carabacel, près de la bibliothèque municipale.

Ma sœur habite dans le même immeuble, deux étages en dessous, chez son ancien professeur de physique et chimie. Donc on habite toutes les deux, très près du lycée de filles. Maman et papa sont cachés chez un dessinateur[1] avec qui mon père avait travaillé quand il était architecte, et qui l'héberge avec ma grand-mère. Mon frère habite peut-être encore avec eux. Il était photographe[2]. Ma sœur Denise n'était pas rentrée. L'été 1943, elle était allée à un camp d'éclaireuses, un camp de cheftaines, je crois, probablement dans la Drôme[3]. Il y avait beaucoup de camps alors dans ces régions protestantes, des lieux assez résistants, et elle avait rencontré des amis qui étaient dans la Résistance. Avant même qu'on se cache, elle avait décidé

1. César Bolletti avait été dessinateur dans le cabinet d'architecte d'André Jacob.

2. Jean Jacob a trouvé un emploi chez Léo Mirkine, photographe à Nice.

3. Denise, alias Miarka dans la Résistance, s'est réfugiée chez une amie scoute à Saint-Marcellin dans l'Isère, qui entretenait des relations avec le maquis du Vercors. Le 18 juin 1944, elle fut arrêtée près d'Aix-les-Bains, transportant deux émetteurs. Conduite à la prison de Montluc, elle fut interrogée et torturée par la Gestapo (supplice de la baignoire). Elle fut déportée le 26 juillet 1944 à Ravensbrück, d'où elle reviendra.

d'aller à Lyon et d'entrer dans la Résistance. Elle avait arrêté ses études et elle a travaillé pour le journal clandestin *Franc-tireur*. Elle est restée à Lyon jusqu'au moment où on est arrêtés. Quand elle apprend notre arrestation, elle part dans le maquis de l'Ain et sera arrêtée au mois de juin 1944, juste après le débarquement. Mais nous avons toujours cru qu'elle n'avait pas été arrêtée.

Donc je passe mon bachot en mars sous mon vrai nom, j'avais gardé ma vraie carte, et le lendemain[1], j'habite toujours chez ces gens, les Villeroy, des descendants de Charles-Christian de Saxe[2]... Des gens à la fois très chaleureux et très curieux. Elle est professeur, sa mère était très connue parce qu'elle avait été pendant très longtemps directrice du lycée Duruy à Paris, pendant la guerre. Des gens très cultivés, très pédagogues. Il y avait chaque année à Nice un concours de ski et un concours de natation qui se tenaient le même jour. Pendant plusieurs années, elle avait été la championne de ce concours. Donc c'était déjà un personnage assez particulier. Quant au mari, il était très excentrique. Je crois qu'il n'avait jamais exercé de profession et qu'il s'occupait beaucoup des enfants. Il avait mis

1. Le 30 mars 1944.
2. Héritier de la famille des porcelainiers.

sur la porte un panneau demandant de s'abstenir de sonner et d'entrer si les gens n'avaient pas quelque chose de particulier à leur demander parce qu'il y avait des enfants et qu'ils ne voulaient pas être dérangés. D'ailleurs, quand il entendait sonner ou que des gens venaient, il allait se coucher. C'était un personnage haut en couleur et tout à fait charmant. Il était avec moi – je n'avais pas du tout l'habitude, j'avais 16 ans – d'une politesse exquise comme si j'avais été une femme. Il ne se serait jamais assis avant moi. Si leur petit garçon de 4-5 ans s'asseyait avant moi, il se faisait gronder. Il ne sortait pratiquement pas de chez lui, il restait fourré dans ses bouquins. Je ne pense pas qu'il recevait encore quelques revenus provenant de ses propriétés en Sarre. C'était une ambiance très particulière… Comme chez beaucoup de gens, des cartes étaient affichées au mur, notamment la carte du front de l'est. Puisqu'on attendait toujours la libération, on suivait ça de très près. Mais la vie était très calme. Le matin, je gardais le bébé dans le jardin attenant à la maison. Comme je me pensais complètement à l'abri grâce à mes faux papiers, j'allais travailler à la bibliothèque municipale, juste à côté de chez eux, à cinq minutes, ou j'allais éventuellement faire une course en ville. Je n'imaginais pas du tout que je risquais d'être arrêtée.

L'arrestation

Ma mère ne venait jamais et je n'allais pas voir mes parents. On se voyait quelquefois à l'extérieur, on se donnait rendez-vous, mais ma mère ne venait jamais me rendre visite. Jamais. Et là je dois dire que c'est ça qui a été catastrophique. Une fois, elle avait eu un rendez-vous avec ma sœur, et comme elles ne se sont pas trouvées, Maman est allée voir ma sœur. Mon frère aussi, alors qu'ils ne s'étaient jamais vus. Quand j'ai été arrêtée par la Gestapo, j'ai voulu les prévenir qu'il fallait qu'ils changent de carte d'identité puisque c'est en regardant ma carte d'identité que les policiers ont compris qu'elle était fausse. La signature était assez particulière, une signature verte, et ils m'ont dit : « Ce n'est pas la peine que vous nous expliquiez que votre carte d'identité est vraie, tenez, en voilà plein qui sont en blanc. » Si ça se trouve, c'était même eux qui les avaient mises sur le circuit, je n'en sais rien.

Je suis arrêtée dans la rue à Nice, dans l'ancien quartier où nous habitions qui s'appelait le quartier des musiciens, assez près de l'hôtel Excelsior[1] où ils mettaient les gens avant d'être… et pas très loin de la gare SNCF. Je ne sais plus si c'étaient deux personnes, je crois, une femme et un homme qui me demandent mes papiers. J'étais avec deux camarades, je les ai sortis sans imaginer qu'il y avait un risque. Et ils nous emmenés tous les trois à l'hôtel de la Gestapo qui n'était pas loin à pied. Ils m'ont dit : « Vous avez des faux papiers, etc. » J'ai tout de suite dit : « Mais non. Non, non. » Et ils m'ont montré toutes ces cartes. Alors je me suis dit qu'il fallait prévenir ma famille pour qu'ils changent de carte d'identité. J'ai demandé à un garçon d'aller le dire chez les gens qui m'hébergeaient, je lui ai donné l'adresse, persuadée qu'il n'y avait aucun risque que quiconque de ma famille y soit. Je pense qu'ils ont suivi ce garçon, et par un hasard vraiment effroyable, ils sont tombés dans l'escalier sur les gens qui étaient là, sur Maman, sur mon frère… Mon frère qui n'était même pas circoncis, qui n'aurait jamais dû être là… Ni Maman ni mon frère n'étaient jamais venus là. Jamais.

---

1. L'hôtel Excelsior, 19, rue Durante, quartier général du capitaine SS Alois Brunner servait de centre de rassemblement aux Juifs arrêtés à Nice avant leur transfert à Drancy.

À l'Excelsior

Sont donc arrêtés à peu près à quelques heures d'intervalles ma sœur Madeleine, Maman et mon frère. On se retrouve tous les quatre à l'Excelsior, où on est restés une petite semaine, pas tout à fait. Tout dépendait du jour où on était arrêté puisque c'était en fin de semaine, le samedi je crois, qu'un wagon était réservé pour... Là, ils ont fait aussi une espèce de chantage en disant : « S'il y en a un qui s'évade, les autres du même compartiment seront tués. » En fait, si on avait imaginé ce qui nous attendait... Nous n'avons pas été interrogés pendant cette semaine à l'Excelsior. On ne nous a pas demandé l'adresse de mon père, rien. Dans l'hôtel, chaque jour, ils ramenaient soit des gens qui avaient été arrêtés chez eux, soit des gens qui avaient été arrêtés dans la rue. Sans grande rafle. Comme ça. Au hasard. En dehors d'une de mes amies qui a été arrêtée chez elle avec ses parents, la plupart des gens que j'ai connus à Nice ont été arrêtés dans la rue.

À l'hôtel nous sommes dans une chambre tous les quatre. Peut-être qu'il y avait une ou deux personnes en plus... On était par terre sur des matelas. On était convenablement nourris et assez curieusement, parmi les SS se trouvait un Alsacien qui était très gentil. Est-ce qu'on ne lui a pas fait faire une commission ? Enfin, je ne crois pas. Il était très malheureux d'être là. D'ailleurs très souvent les Alsaciens ont été incorporés dans les SS. Dès le lendemain, on est incités, je dirais, pas autorisés, mais incités à écrire pour demander qu'on nous envoie ce dont nous avons besoin. Maman écrit alors à son amie italienne puisque c'est une Italienne non seulement catholique mais en plus de famille très convenable[1]. Son mari est médecin et elle sait où trouver, grâce à Antoinette, un certain nombre d'affaires, mais on ne demande pas grand-chose, des vêtements chauds et des couvertures. Les Allemands nous incitaient à demander le maximum de choses puisque de toute façon, tout était destiné à être récupéré. Ça faisait semblant, mais ça ne servait pas beaucoup. Maman a

1. Elena Guiberteau était une amie proche d'Yvonne Jacob.

demandé des livres. Il y avait les *Fables* de La Fontaine, des tomes de Molière, de Racine, Pascal...

Mon père et ma grand-mère étaient toujours à Nice chez les Bolletti, deux frères qui avaient été successivement dessinateurs chez mon père et je crois que leur vieille mère vivait encore. Ils n'avaient pas un grand logement et ont gardé ma grand-mère jusqu'à notre... jusqu'à la Libération. Et à ce moment, mes oncles et tantes rentrant de Suisse sont allés la chercher à Nice et elle est partie à Paris. Mais jusque-là, elle reste chez eux.

On n'imagine pas

Le voyage de Nice à Drancy a été relativement confortable puisque c'était un wagon ordinaire raccroché à un train ordinaire, simplement gardé par des SS. Selon la consigne, il y a un responsable par compartiment au cas où il y aurait une évasion, et des sentinelles se tiennent au bout du wagon dans les arrêts de gare, puisqu'il y a les arrêts ordinaires. Si un jeune a une velléité de s'évader, les autres disent qu'on va tous être… alors que, probablement, la garde n'était pas tellement serrée et que certains auraient pu s'évader. Le chantage fait sur les survivants, enfin sur les autres, est toujours très lourd. Je crois qu'on sait qu'on va à Drancy, je pense que oui, on en parle déjà. Mais on ne pense pas beaucoup plus loin que Drancy. On pense qu'on part travailler dans des camps, etc. On n'imagine pas… Même ensuite, dans les wagons. Même quand on est à Drancy.

Je suis arrivée à Drancy le 7 avril 1944. Ces grandes pièces, c'est sinistre... On reste ensemble le plus possible. On n'a pas été affectés à un quelconque travail, on savait qu'on était destinées à partir très vite. On apprend que les jeunes gens ne partent pas, et on dit, les gens du camp disent qu'ils vont rester en France pour travailler pour l'organisation Todt. Comme on n'est pas du tout sûrs de ce qui nous attend après Drancy, on essaie de dire à notre frère de rester en France. Et donc il reste à Drancy, du moins ça se décide la veille. Au moment où le convoi est formé, où les gens qui partent dans le convoi le lendemain matin tôt sont avertis, ils précisent que les hommes de moins de 50 ans et les jeunes gens de plus de 18 ans ne partent pas. C'est comme ça que mon frère reste à Drancy et n'est pas déporté à Auschwitz. Et quant aux autres, quand on part, on ne sait pas... On dit qu'on va travailler... En Allemagne ? On ne sait pas où. Mais parmi les responsables juifs du camp, certains doivent se douter de ce qui se passe. On dit qu'on va à Pitchipoï[1]... Est-ce que c'est

1. Pitchipoï est un mot yiddish qui désigne un monde imaginaire. Il est utilisé au camp de Drancy par les internés pour désigner la destination inconnue des convois de déportation vers l'est.

l'Allemagne ? Est-ce que c'est la France ? la Pologne ? On pense qu'on restera en famille. On ne pense pas qu'il y aura une séparation. Personne n'imagine ou n'évoque les chambres à gaz. Vraiment personne. Alors on se dit : « Bon ça sera dur, on travaillera, on rentrera, on fera un repas pour les enfants. » On n'imagine pas… *(Elle marque une pause.)*

Le convoi 71

Il y a 1 480 personnes dans le convoi 71 qui part le 13 avril 1944 de Drancy. Je suis dans le même wagon que ma mère et ma sœur. On est toujours restées ensemble. Toujours. Je dirais que la seule fois où nous avons été séparées, c'est quand j'ai travaillé à l'extérieur à Bergen-Belsen. Il y avait des camps distincts, il fallait passer des barbelés, des contrôles, mais une fois la journée finie, je rentrais toujours. Et la seule fois où je ne suis pas revenue voir ma sœur, je crois, en dehors des deux fois où on a fini à minuit à la cuisine à cause des bombardements, c'est le jour de la Libération par les Anglais. Sans ça, on est toujours restées ensemble, dans les convois. Toujours...

Ce dont je me souviens d'abord du voyage, c'est la place, la place pour s'asseoir et pour essayer de dormir. Et puis il y avait les tinettes[1]... Est-ce qu'il

1. Seau pour les besoins.

faut manger ce qu'on a ou est-ce qu'il faut garder pour ensuite ? Parce que quand on part, on a tout de même du pain, un certain nombre de choses… Et on se dit, qu'est-ce qu'on aura là-bas ? Il y a ceux qui mangent tout et ceux qui veulent garder. On essaie de voir où l'on s'arrête par la toute petite lucarne, avant de se rendre compte assez rapidement que, dès qu'on est sortis de France, on traverse l'Allemagne. Nous sommes au mois d'avril, je dirais qu'il ne fait ni froid ni chaud. Enfin, il y a des gens qui sont malades, des bébés qui pleurent, et on essaie de se tenir ensemble dans un coin. Je n'ai pas beaucoup de souvenirs. J'en ai beaucoup après, du voyage entre Gleiwitz et Dora, mais ce voyage-là… On a dû dormir un peu, même assises.

Auschwitz

C'était au milieu de la nuit. Vers minuit, une heure du matin, je ne sais pas. Le train s'arrête brusquement. Les portières s'ouvrent puisque ce sont des wagons à bestiaux, des gens en pyjama rayé se précipitent, nous font sortir très vite. Des aboiements de chiens. Cet éclairage très dur car sur le quai il y a ces lampes qui projettent une forte lumière sur les wagons. La sortie des wagons est très rapide avec ces bagnards, puisque au fond, pour nous, ils sont habillés comme des bagnards. Tout ça se passe très, très vite. Certains ont un petit sac à main, un petit bagage. Moi, j'ai l'impression que je n'avais rien. Je ne devais pas avoir de sac à main, d'ailleurs. Il n'y avait aucune valise, uniquement des tout petits bagages. On est mis dehors, puis en rang sous ces projecteurs. Un de ces bagnards, un Français vraisemblablement – ils choisissaient, je pense, toujours des gens de la nationalité de ceux du convoi qui arrive, parce que ça les aide, ça leur permet non pas de tranquilliser les gens, mais de leur faire comprendre qu'il faut se mettre en rang. Ce Français me dit : « Quel âge vous avez ? » Je lui réponds : « Seize ans et demi. » Et il me dit : « Dites que vous avez 18 ans. » Et ça, c'est arrivé à beaucoup d'entre nous. Enfin parmi les jeunes, car à 16 ans, quelquefois on entre dans le camp, mais pas souvent, car l'âge, c'est 18 ans. Donc on se met en rang et on entre toutes les trois. On ne se rend pas compte de ce qui se passe, on a à peine le temps de voir que les enfants ou ceux qui disent qu'ils sont fatigués sont mis de côté. Comme toutes les trois on est mises ensemble, on ne dit même pas qu'on est fatiguées. Les gens qui sont dans les camions vont nous rejoindre, on ne se pose pas beaucoup de questions. Et puis, à ce moment-là, la rampe qui conduit jusqu'au crématoire n'est pas encore installée, on arrive juste avant, donc on va à pied jusqu'à l'intérieur du camp.

On est dans une espèce de bâtiment en béton avec quelques fenêtres dans les coins où il n'y a rien. On s'assoit, on se met par terre, on essaie de dormir et on parle entre nous. Quelques heures, comme ça. Celles qui sont avec nous et qui avaient de la famille dans les camions ne s'inquiètent pas.

Puis il y a eu les kapos[1]. Des kapos commencent à venir – des déportés –, et ils nous disent : « Si vous avez des bijoux, si vous avez de l'argent, donnez-le-nous parce que de toute façon, vous ne garderez rien du tout, alors autant nous le donner. » Une amie qui était venue avec nous de Nice avait, je m'en souviendrai toujours, un flacon de parfum Lanvin – je rachète le même de temps en temps toujours en pensant à elle *(elle sourit)* –, et on a préféré le mettre entièrement sur nous plutôt que de le leur donner. Et puis on attend, elles nous disent des choses épouvantables, on n'écoute pas. On n'essaie même pas de dormir, c'est impossible, alors on parle.

Vers cinq ou six heures du matin, je ne sais pas, arrive alors tout un groupe de kapos, les unes pour nous raser la tête, d'autres tout ce qu'il peut y avoir comme poils sur le corps. Nous avons tout de même cette chance, – je le signale parce que c'est important –, c'est que, dans ce convoi, la plupart des femmes n'ont pas eu les cheveux rasés. On s'en est rendu compte ensuite. Quelques-unes ont eu les cheveux rasés, mais très peu. Si on a les cheveux

1. Les kapos sont les détenus chargés d'encadrer les déportés.

coupés court mais pas rasés, c'est tout de même, psychologiquement très très différent. Ensuite, il y a le tatouage. Évidemment, le tatouage ça ne fait pas mal. Mais on se dit que si on est tatouées, c'est qu'on n'est plus considérées que comme des numéros et surtout qu'on n'est pas destinées à sortir d'ici, c'est quelque chose qui restera pour toute la vie. Ça, c'est la chose à laquelle on pense. Puis commence à courir le bruit. Ou plutôt, comme la plupart avaient de la famille qui était partie dans les camions – c'est assez rare les gens qui n'ont pas eu de famille dans ce cas –, elles ont demandé où elles étaient… Les kapos et les anciens leur disent : « Bah regarde, regarde la fumée. Voilà, ils ont été gazés et c'est fini. » On croit que c'est de l'intoxication, on ne parvient pas à le croire, ce qui montre que nous n'avions pas pu imaginer… Personne n'a hésité à prendre le camion. Probablement que même ceux qui savaient ne disaient rien pour que justement il n'y ait pas de… *(Elle marque une pause.)*

Je me rappelle mon numéro [1]… C'est assez commode d'en avoir un. Quand j'ai un numéro dont je veux être sûre de me souvenir, pour un coffre, pour une clef, j'ai deux dates comme ça : mon

1. Le numéro 78651.

Longtemps, j'ai eu
les cheveux courts
avec une raie.

Ça, c'est une photo d'identité
classique, avec les tresses,
je devais avoir 13, 14 ans.

Au jardin d'Alsace-Lorraine, à Nice, nous sommes tous les quatre, avec maman qui porte un chapeau à la mode de l'époque, enfoncé sur la tête.

Tous les quatre dans les rues de Nice.

Dans la rue, sans doute en vacances, avec mes sœurs et mon frère, nous posons en pyjama.

Ma tante, maman et nous quatre.

Probablement à La Ciotat, en vacances, l'ensemble de ma famille avec ma grand-mère maternelle. Elle a été cachée pendant toute la guerre et, à partir de 1943, par une famille dont deux des fils avaient été les dessinateurs de mon père architecte.
À la Libération, la sœur de maman l'a prise chez elle à Paris.

À La Ciotat, en vacances, il y a à la fois mon frère et mes sœurs, ainsi qu'un cousin et une cousine qui passaient toujours les vacances d'été avec nous.

Ma classe, sans doute déjà la 5e ou la 4e. Je suis assise par terre au premier rang avec de longues nattes.

Mon père tel que je m'en souviens, avec des binocles ou des lunettes – très souvent il avait des binocles, ce qu'on portait à l'époque –, et toujours habillé de façon assez classique. C'est vraiment tel qu'il était jusqu'à la guerre.

L'atelier de l'usine Siemens, à Bobrek, à trois ou quatre kilomètres de Birkenau. Là, c'est la partie des hommes, des ajusteurs pour la plupart. Il y avait aussi des fraiseurs. On devait faire des pièces pour l'armement. J'ai travaillé un peu dans cette usine, mais très peu de temps. Dans ce camp, j'ai surtout participé à des travaux de terrassement.

Mon frère à 15, 16 ans. Il est toujours un peu triste, je pense que c'est une photo qu'il avait prise lui-même. Il voulait être photographe.

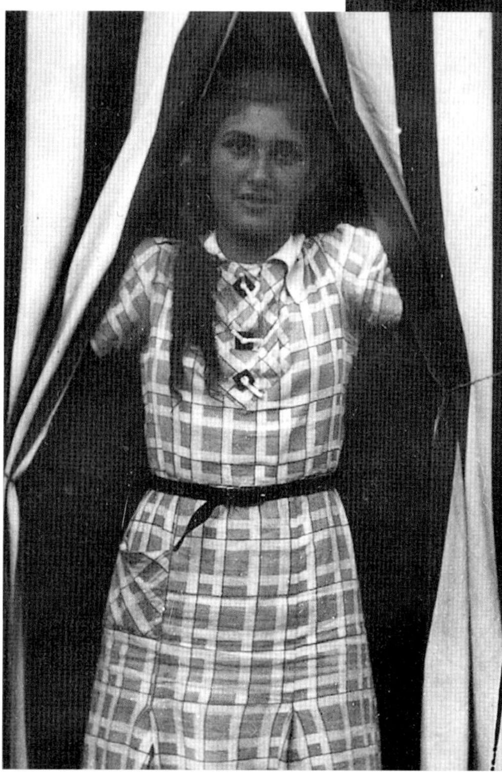

Ma sœur Madeleine, qu'on surnommait toujours Milou. On ne l'a jamais appelée Madeleine. Elle était très facile à vivre, toujours de bonne humeur. Elle était un facteur de paix entre nous, c'était la sage.

Cette photo de moi, je crois bien que c'est mon frère qui l'avait prise.

numéro et le 18 janvier 1945, donc 18145[1]. C'est ce qui me sert de code, pour une petite valise que j'aime bien et qui est fermée chez moi... Ce sont des dates qu'on n'oublie pas. Celui du bras, c'est sûr, on ne peut jamais l'oublier, je le sais encore en allemand. Mais le 18 janvier 1945, non plus.

On reste entre nous dans le même bloc, toutes ensembles en quarantaine, mais en fait on a travaillé dès cette période. Ça changeait tous les jours. Comme il y avait des wagons qui arrivaient avec des pierres, qu'il fallait les charger ou les décharger, qu'il y avait toujours des choses à nettoyer, à niveler, on est restées très peu de temps dans le bloc. Très rapidement, même pendant la quarantaine, on a fait du terrassement, ce qui était la grande occupation dans les camps pour tous ceux qui ne savaient pas faire quelque chose d'utile, dans une usine par exemple. Donc, c'étaient les pierres. Très vite, très très vite, on a déchargé les pierres de wagons qui arrivaient. Ce qu'ils construisaient... je ne sais pas. On s'est toujours demandé à quoi tous ces travaux de terrassement pouvaient bien servir. On transportait des trucs, on creusait des fossés ou

1. Date de l'évacuation du camp d'Auschwitz. Commence une « marche de la mort » des déportés vers les camps en Allemagne.

alors on ôtait toutes les pierres d'un terrain, il fallait que le terrain soit tout plat. Ça, c'était plus tard, quand j'étais à Bobrek. Je n'ai jamais compris à quoi ça servait, s'ils voulaient en faire un tennis. Enfin, ça n'avait pas de sens.

Solidaires

Assez rapidement, j'ai rencontré Marceline[1] au camp parce qu'on était parmi les plus jeunes ; elle était un peu plus jeune que moi. Il y avait Sonia, Laurette aussi, Laurette qui était danseuse et qui allait danser pour la cheffe du camp SS. Alors on était, je ne sais pas, au moins dix à être nettement plus jeunes que les autres. Il y a une grande différence entre avoir 15 ans et demi, 16 ans et plus de 18. Celles qui avaient plus de 18 ans parlaient de leurs amours, de leur vie qui était déjà faite. Nous, on était les petites, toujours à traîner partout, à écouter partout, à chercher comment ne pas travailler… C'est curieux parce que ma sœur qui était à Ravensbrück m'a dit que c'était un peu la même

1. Marceline Rozenberg-Loridan-Ivens (1928-2018) a été arrêtée avec son père à Bollène (Vaucluse) et déportée par le même convoi 71 du 13 avril 1944 que Simone Jacob.

chose là-bas. Il y avait aussi un décalage entre celles qui avaient plutôt autour de 20 ans et puis celles qui avaient déjà une vie plus organisée, les plus âgées qui trouvaient toujours que les jeunes étaient insupportables… Même l'attitude de femmes de 25 ans était curieuse, j'ai entendu, par exemple, certaines dire : « Oh ! Vous êtes jeunes, vous ne savez pas ce que c'est que la vie. Vous ne savez pas ce que vous perdez. » Il y avait des rivalités d'âge.

Marceline et moi, on est tout de suite devenues très amies, avec deux ou trois autres. Mais c'est surtout avec Marceline que je me suis liée au camp. On cherchait à échapper au travail et, de temps en temps, on partait se cacher dans un coin. C'était plus facile pendant la quarantaine que dans les commandos où nous avons été affectées ensuite. Pendant la quarantaine, on a réussi deux ou trois fois ; on attendait, on se cachait un peu au départ des commandos, et puis une fois qu'ils étaient partis, c'était bon. On restait et on vaquait dans le camp pour essayer de voir un peu ce qui s'y passait.

C'est ainsi qu'on est tombées sur le bloc des communistes françaises dont on garde l'une et l'autre un souvenir horrible. Comme on a entendu parler français, on était très contentes, alors on s'est dit : « Tiens, il y a un bloc de Françaises » ; on ne savait pas qui elles étaient. Donc on s'est approchées. Elles étaient arrivées tôt, fin 1942 ou début 1943, je ne sais plus. Et elles avaient eu un début de travail au camp et des conditions de vie très dures. Il y avait eu une épidémie de typhus. Ce jour-là, on s'approche et on commence à leur parler, Marceline avait 15 ans, 15 ans et demi, moi je n'avais pas 17 ans, et elles nous traitent de sales Juives pratiquement, en disant : « Écoutez si vous aviez fait de la résistance, vous n'en seriez pas là. » Vraiment des propos incroyables. Alors plus tard, quand on nous a parlé, à Marceline et moi, de la solidarité dans les camps, même entre déportations différentes, je dois dire que… ça nous a laissées un peu sceptiques. C'est un souvenir, pour l'une comme pour l'autre, très amer. Elles nous auraient dit : « Bon, très bien, vous êtes juives… » Mais cette agressivité à notre encontre !

On aurait pu l'oublier si, au retour, on n'avait pas entendu un discours expliquant qu'il y avait eu une solidarité générale. Je me souviens quand le feuilleton *Holocaust* a été programmé : j'y étais tout à fait favorable, je l'avais vu avant et j'avais trouvé que c'était tout à fait intéressant, même si c'était un film fait à Hollywood, quelles que soient les images et notamment les réactions des bourgeois juifs allemands interrogés sur une possibilité de déportation. Ils n'y croyaient pas. Ça me rappelait exactement le discours que j'avais entendu en France. Le père patriote, « comment nous, moi, anciens combattants… », exactement, les mêmes propos en allemand ou en français. Historiquement, c'est intéressant, ce n'était pas seulement une image d'Épinal. C'est vrai que les deux épisodes sur la déportation étaient très mauvais, même s'ils apprenaient aux gens qui n'avaient rien vu un certain nombre de choses. Sur le plateau[1] ensuite, j'ai entendu certaines affirmer que dans le camp, heureusement, ce qui était merveilleux, c'était la solidarité entre toutes, et qu'il y avait eu, de la part des communistes, une grande solidarité vis-à-vis des Juives… Alors je dois dire que ça m'est resté en travers de la gorge, parce que je n'en ai aucun exemple. Ce jour-là, je l'ai dit. C'est très mal passé sur le plateau.

C'est intéressant, le problème de la solidarité, parce qu'il y en a eu à la fois plus et moins qu'on ne le dit. On a vécu les uns sur les autres, on sait

1. Le 6 mars 1979, « Les dossiers de l'écran » diffusent le feuilleton américain *Holocaust* suivi d'un débat avec la présence de Marie-Claude Vaillant-Couturier, résistante communiste déportée à Auschwitz puis à Ravensbrück.

bien. Mais en dehors de ça, il y avait la famille, ou très souvent la copine qu'on avait connue en prison, à Drancy ou en travaillant, et donc se nouaient des petites solidarités entre des gens qui partageaient tout. J'observais notamment ces petites Polonaises ou Slovaques, qui étaient devenues cheffes de bloc ou kapos. Elles étaient parfois très dures parce qu'elles étaient depuis fin 1939 dans les ghettos, elles avaient perdu toute leur famille ; quelquefois, trente ou quarante personnes avaient été fusillées sous leurs yeux… Comme ça, d'un seul coup, fusillées. Certaines occupaient des postes à responsabilité, elles étaient là depuis longtemps et elles s'étaient terriblement endurcies. Je me disais, elles ont une seule chose qui leur reste, c'est d'être capables de partager n'importe quoi entre elles. Elles donneraient leur vie l'une pour l'autre. Sans ça, elles n'auraient plus rien eu d'humain en elles parce qu'elles n'ont plus personne, plus rien. Quand elles luttent, elles luttent pour elles, mais aussi pour leur copine. Et très souvent il y a eu, tout de même, ce genre de solidarité, pas seulement entre amies, aussi quand on voyait une personne en grande difficulté. Contrairement à ce qu'on a pu dire, les gens n'ont pas fait n'importe quoi, pas du tout.

L'année dernière, au moment de la commémoration, j'étais sur le plateau de l'émission de télévision de Giesbert[1] et un petit imbécile a commencé à dire : « Oh on sait, les déportés, comment ils sont rentrés... » Bon. Je réponds : « Écoutez, puisque vous commencez, dites ce que vous pensez. Comment est-ce qu'on est rentrés ? Qui a-t-on tué pour rentrer ? Dites-le, n'ayez pas peur ! » Et il me lance : « Effectivement, on peut se poser la question. » Je lui dis : « Ah, monsieur, vous êtes un petit con. » Cet échange a été coupé, malheureusement. Je l'ai bien regretté.

On se voit beaucoup entre nous, les rescapés, on ne fait pas une sélection entre ceux qu'on voit et ceux qu'on ne voit pas. Si certains avaient été des salauds comme on le dit, on ne les verrait pas. Ce n'est pas vrai, on n'a pas été des saints, c'est-à-dire qu'on ne partageait pas quand chacun avait son bout de pain. Effectivement, on avait la même chose mais si quelqu'un était malade, on aurait fait n'importe quoi pour l'aider. Ou si le travail était trop dur, on essayait aussi de soulager l'autre. Il n'y aurait pas d'amitié entre nous dans les différentes

---

1. Émission « Culture et Dépendances » présentée par Franz-Olivier Giesbert, France 3, le 12 janvier 2005.

amicales[1] et autres, sinon. On a fait au maximum, les uns pour les autres, je crois. Beaucoup. Mais par exemple, quand on a fait la grande marche en quittant Auschwitz, ou plutôt Birkenau, et qu'on a dû marcher 70-75 kilomètres, et qu'on se traînait sur la route, je voyais Maman qui était..., à ce moment-là déjà, très malade, elle avait du mal à marcher, et si quelqu'un s'accrochait à elle, je lui disais : « Ou tu peux marcher et tu marches, mais tu n'entraînes pas Maman dans ta chute. » *(Elle marque une pause.)*

---

1. Allusion à l'Amicale des déportés d'Auschwitz et de Haute-Silésie, créée en juin 1945, et à la Fédération nationale des déportés et internés résistants et patriotes (FNDIRP) a été créée en octobre 1945. En 2004, l'Union des déportés d'Auschwitz regroupera autour de l'ancienne Amicale d'Auschwitz plusieurs autres associations, comme l'Amicale des anciens déportés juifs de France, et l'Association nationale des anciens déportés juifs de France.

La dignité

Certaines histoires de mère et filles sont terribles… Enfin, des histoires qu'on a entendues : il y avait une mère qui avait rejoint sa fille quand elle avait été arrêtée, ou bien le contraire. En tout cas, je sais que celle qui est venue retrouver l'autre est morte, et l'autre pas. Mais il n'y avait pas beaucoup de mères. Il y en avait très peu, compte tenu de l'âge minimum auquel on était admis dans le camp et de l'âge maximum, ça faisait une très petite fourchette, où les deux remplissaient la condition. Pour Maman, c'était un peu miraculeux ; si on l'avait déshabillée, on ne l'aurait pas prise parce qu'elle avait été opérée de la vésicule biliaire, un an ou deux auparavant, et ça ne s'était jamais cicatrisé, donc si on avait passé une sélection à ce moment-là, jamais elle ne serait entrée dans le camp. Elle se tenait droite, elle était très digne, très belle, et c'est comme ça qu'elle est entrée. Il y avait pas mal de femmes de 30, 35 ans. D'abord, la plupart qui avaient des enfants n'étaient pas entrées, parce que c'étaient des enfants jeunes et donc elles étaient restées avec eux. Il y en avait tout de même quelques-unes, mais plutôt des jeunes filles ou des jeunes femmes, dont les parents plus âgés n'étaient pas entrés ou des frères et sœurs qui n'étaient pas entrés dans le camp.

La vraie question, c'est la dignité, parce que le camp, c'était cette volonté d'humiliation. C'est le sentiment qu'on a tous éprouvé, je crois. On a eu faim, on a eu soif, on a eu froid, horriblement froid, on avait sommeil. Le manque de sommeil m'apparaît être une chose terrible parce que les derniers jours avant la libération de Bergen-Belsen, je travaillais à la cuisine, on rentrait, on ne dormait pas de la nuit. C'est horrible, la privation de sommeil. Je dormais en marchant. Mais l'humiliation, c'était une chose qui était voulue en plus, gratuite. Par exemple, quand on allait se mettre à manger, on pensait que le SS allait donner un coup de pied dans notre bol, et alors ou bien on ne mangeait pas ou alors on ramassait ce qui était par terre... C'était une humiliation permanente.

Très vite, Maman a été en mauvais état physique, mais elle était toujours très droite, elle avait toujours une dignité formidable et elle nous incitait à la garder. D'une part, à être digne et, d'autre part, à avoir confiance en l'avenir. Je me souviens particulièrement du 18 janvier 1945 au matin, ça faisait plusieurs jours qu'on entendait le canon, qu'on voyait même les lueurs du front russe, et on nous a enfermées en disant : « Il n'y a pas de travail aujourd'hui. L'atelier est fermé... Vous restez enfermées. » On s'est dit : ils vont nous emmener à Birkenau-Auschwitz et ils vont nous gazer. Et Maman était là, elle a gardé un calme extraordinaire, extraordinaire. Elle a dit : « Mais non, mais non, on a tenu jusqu'à maintenant. », etc. Toujours. Toujours. À un moment, nous étions dans les wagons à Gleiwitz, et on a tous cru la même chose, qu'on allait nous supprimer sur place. Il y a eu une sélection, puis finalement pas. On est ensuite allées dans les wagons. Dans le nôtre, il y avait des Tsiganes qui étaient absolument épouvantables. Épouvantables. On se battait dans ces wagons. Et Maman était toujours, je ne dirais pas impassible, mais essayant d'arranger les choses, d'une dignité formidable et donnant courage à tout le monde. Comment pouvait-elle, dans l'état où elle était, donner du courage ? Quand elle venait d'avoir sa soupe et que quelqu'un voulait la lui prendre, elle se serait laissé faire, alors ça je ne le supportais pas.

Je ne le supportais pas. Là sûrement, j'étais dure. J'aurais... je la défendais. Ce n'est pas qu'elle n'avait pas la capacité, la force de se défendre, c'est qu'elle ne voulait pas. *(Elle marque une pause.)*

Madeleine, elle, ne se laissait pas faire, beaucoup moins, peut-être qu'elle avait plus de force, mais elle était sûrement moins agressive, enfin... pas agressive, mais elle conservait plus les formes que moi. Quand on s'est retrouvées, à Bergen-Belsen après la Libération, on était déjà dans les casernes de SS ; des prisonniers français avaient appris qu'on était là et nous avaient apporté des cigarettes. Alors on les troquait pour essayer d'avoir autre chose que cette horrible tambouille, enfin pas si horrible que ça, en fait des... trucs de soldats. Ma sœur était très malade, elle ne pouvait pas manger ça, donc je faisais du troc avec les cigarettes. J'ai eu une discussion, je ne sais plus à propos de quoi, avec une Française à laquelle j'ai dû répondre grossièrement. On était libérées depuis trois semaines à peu près. Et ma sœur m'a dit : « Je n'accepte pas que tu parles comme ça à une personne qui pourrait être ta mère. » Je crois qu'elle m'a donné une gifle, en plus. Je les défendais comme... comme une tigresse.

C'est drôle, parce que d'un côté je les défendais, et de l'autre, je m'en souviens, on était dans ces casernes de SS et il y avait un officier de liaison chargé de préparer tous les dossiers, les papiers, vérifier qu'on venait bien de France, bon. Il était stupéfait, je m'en souviens encore, parce que j'étais restée en haut de l'escalier pour le laisser passer. J'avais encore ce réflexe… ça, ça lui avait paru tout à fait extraordinaire. J'avais l'impression de ne plus savoir lire, j'avais beaucoup de mal à me remettre à lire – quelquefois il y a des gens qui me disent qu'ils écrivaient, qu'ils lisaient, qu'ils prenaient des notes, mais moi, les derniers temps je n'ai pas eu un journal ou un livre en main. Et je me disais, est-ce que je serai capable de relire facilement ? Pourtant, il y a des réflexes comme ça… qui restent.

Trop jolie pour mourir ici

Je crois que les kapos ont plus compté chez les hommes que chez les femmes. J'ai l'impression surtout d'avoir été gardée par des SS, pas tellement par des kapos, et, dans les blocs, par des cheffes de bloc. C'étaient très souvent des Juives polonaises ou slovaques parfois très jeunes, mais qui étaient là depuis très longtemps. Nous les Françaises, nous étions handicapées par la langue. Quand on parlait uniquement français, il n'était pas imaginable qu'on travaille dans les bureaux… On ne pouvait donc pas avoir de poste à responsabilités comme celles qui étaient d'origine polonaise ou allemande. Ce handicap a été encore beaucoup plus lourd pour les Grecques et les Hollandaises parce qu'elles parlaient des langues que personne d'autre ne parlait et elles étaient vraiment très perdues.

Je me rappelle une certaine Stenia[1], une Polonaise non juive qui m'a aidée. Je me demande encore aujourd'hui pourquoi elle m'a aidée. Je ne sais pas. Elle était plus que kapo, elle était cheffe du camp. Une déportée, je crois, comme prostituée ou comme droit-commun qui était la responsable du camp, elle était au-dessus des kapos.

J'ai dit que j'avais eu la chance qu'on n'ait pas eu les cheveux rasés. En plus, j'avais pu rester à Nice, aller à la plage, au soleil. Je vivais dans une famille où l'on ne vivait pas mal. La vie y était matériellement plus facile qu'auparavant, on recevait des colis de la campagne. J'avais bonne mine, je ne suis restée que quelques jours à l'Excelsior, et seulement quelques jours à Drancy. Quand je suis arrivée à Birkenau, j'étais donc physiquement en très bonne forme. En plus j'étais brune, j'avais la peau brune, j'avais 16-17 ans, et je me souviens déjà, ce qui était d'ailleurs très désagréable, très pénible, de ces filles très abîmées qui avaient des boutons sur la peau. Alors quand elles voyaient tout à coup une fille comme moi qui avait l'air de sortir de la plage, elles venaient me tâter, elles

1. Stanisława Starostka, kapo polonaise qui trouva Simone Jacob « trop jolie pour mourir ».

n'arrivaient pas à le supporter. Elles me montraient du doigt... Et, comme presque tout le convoi, je n'avais pas eu les cheveux rasés, ce qui avait arrangé aussi les choses. Quand on sortait du camp pour les travaux de terrassement, on était par tranches de cinq et c'est Stenia qui contrôlait les départs et les arrivées. Une fois, elle m'a vue et m'a arrêtée. Elle m'a dit : « Tu es trop jolie pour mourir ici, je veux essayer de faire quelque chose pour toi. »

Il y avait une jeune Juive polonaise qui était une des dernières rescapées du ghetto de Varsovie, une architecte. Elle parlait pas mal français, elle était très cultivée, une famille bourgeoise sûrement. Un jour, je crois que c'était un dimanche, elle m'entend parler et elle me dit : « Oh, une Française ! Je serai contente de parler avec une Française. » Elle me demande de venir dans son bloc et on bavarde. J'étais habillée comme celles qui arrivent en quarantaine, avec des haillons, des espèces de chiffons épouvantables qu'on essayait de faire tenir sur soi. Elle me dit : « Écoute, je vais essayer de te trouver une robe convenable. » Comme elle était architecte, elle rendait des services, elle avait plus à manger. Il y avait un troc énorme dans les camps. Contre une portion de pain, elle m'a achetée deux ou trois robes à ma taille. Bien plus tard, Ginette[1], une de nos amies du camp, que je vois toujours souvent, m'a dit : « Il y a une seule personne qui m'a donné quelque chose, tu m'avais donné une robe, tu ne peux pas savoir ce que ça été affectivement d'avoir une robe convenable. » J'avais complètement oublié que je lui avais donné une robe. On n'avait pas le même gabarit. Ces robes venaient des valises de ceux qui arrivaient ; elles étaient triées au Canada[2] par des filles qui mettaient deux robes l'une sur l'autre et les faisaient passer comme ça au camp, en fraude.

J'avais donc à la fois bonne mine et une robe convenable quand Stenia m'a sortie du rang et m'a dit : « Je veux faire quelque chose pour toi. » Tout de suite, je lui ai dit que j'étais avec ma mère et ma sœur. J'avais entendu parler d'un petit camp qui s'appelait Bobrek, on en parlait comme du

---

1. Ginette Kolinka, née Cherkasky (1925-), arrêtée le 19 mars 1944 avec son père et son petit frère à Avignon (Vaucluse). Ils ont été déportés par le même convoi que Simone Jacob. Le père et l'enfant ont été gazés à leur arrivée. Ginette a été transférée à Bergen-Belsen, puis à Theresienstadt, d'où elle reviendra.

2. Entrepôts où les déportés triaient les affaires apportées par les Juifs et qui étaient envoyées en Allemagne. Les déportés qui y étaient affectés les désignaient comme le Canada, l'endroit où l'on trouvait tout.

sanatorium Bobrek, comme d'un endroit où l'on pouvait vivre ou survivre. En retournant là-bas, je me suis rendu compte que c'était tout près, à 4 kilomètres, j'avais toujours pensé que c'était plus loin, on faisait un grand détour pour y aller. Stenia m'a proposé de partir à Bobrek, mais je lui ai répondu « si on part, c'est toutes les trois » et elle m'a dit d'accord. J'ai attendu quelques jours, et puis nous avons été convoquées toutes les trois pour passer un contrôle médical devant Mengele. Là, je me suis dit que j'avais fait une folie. Naturellement, on était nues pendant l'examen, et Mengele[1] a mis Maman de côté. Ce qui est extraordinaire, c'est que Stenia tenait vraiment à ce qu'on parte ; elle est allée voir Mengele et lui a dit probablement qu'elle avait pris cet engagement. Je crois que je suis la seule personne qu'elle ait jamais aidée... Et nous sommes parties toutes les trois.

1. Josef Mengele, SS, se livrait à des expériences pseudo-scientifiques sur de nombreux déportés, notamment des enfants, qu'il traitait comme des rats de laboratoire.

Bobrek

On a dû arriver le 8 ou le 9 juillet à Bobrek. Et nous y sommes restées jusqu'au 18 janvier 45. Six mois, c'est beaucoup… Là, il n'y avait pas d'appel, le travail était dur, mais tout de même beaucoup moins dur. La nourriture n'était pas bien meilleure, mais on avait moins faim. Les premiers mois à Bobrek, on a fait du terrassement. On était moins surveillés, c'était un petit camp, on était en tout 35 femmes, je crois, et 250 hommes, quelque chose comme ça. Les femmes travaillaient dans l'usine ; il y avait un étage qui faisait un peu grenier, c'était un grand espace où l'on était toutes ensemble. Aucun appel, le SS venait le soir nous compter. Il s'amusait à arriver au moment où on faisait notre toilette…

Étaient arrivées deux communistes venues du bloc d'expérience qui étaient françaises aussi, d'origine polonaise. Les deux femmes avaient été envoyées là par la filière communiste parce que le médecin du bloc d'expérience leur avait dit qu'il ne pourrait plus les préserver d'expériences dangereuses pour leur santé et qu'il était plus raisonnable de partir. Ces deux communistes ont été des amies merveilleuses, notamment avec Maman ; l'aînée d'entre elles surtout l'adorait. On s'est revues en France, beaucoup[1]. La filière communiste leur donnait toujours plus ou moins un bon job. À Bobrek, ça allait, à Bergen-Belsen, elles tiraient une espèce de chariot où il y avait des raves, des trucs comme ça, mais ça leur permettait d'avoir un travail, de manger ; elles ne s'en étaient pas trop mal tirées. Je parle d'elles, c'est curieux… À la fin, les derniers jours, quand on s'est retrouvées à Bergen-Belsen, à un moment… je me suis dit que je ne m'en sortirais pas. Il y avait tellement de déportés et de prisonniers qui arrivaient de partout, que la nuit parfois, on ne trouvait même pas une place pour s'asseoir. Je me souviens d'une nuit où je n'avais pas pu rentrer parce qu'il y avait eu des bombardements, et elles m'avaient couchée sous leur lit. Elles étaient très très amies entre elles, complètement solidaires, vraiment. Quand l'une est rentrée, elle savait que son mari avait été fusillé

1. Fanny Zelinsky et Tauba Glowinski.

comme résistant communiste, et elle a retrouvé sa fille. L'autre avait eu la chance de retrouver sa famille, ses deux enfants, trois enfants même, et son mari qui n'avait pas été déporté. Celle dont le mari avait été fusillé avait rencontré au camp un autre copain, comme ils disaient, un communiste, très gentil d'ailleurs, dont toute la famille avait été exterminée ; je l'ai su très tardivement, mais sa femme et ses quatre enfants avaient été tout de suite gazés à Auschwitz. Ils ont vécu ensemble en sortant du camp, se sont mariés quelque temps après, et ont eu un enfant ensemble. Ce qui est extraordinaire, c'est que lui était artisan bijoutier à Drancy, où il avait un petit pavillon. Ils ont donc habité Drancy après la guerre, j'allais tout le temps les voir[1]. Comme sa copine – celle qui avait retrouvé toute sa famille – n'avait pas d'endroit où se loger, elle est allée habiter chez l'autre, et tous vivaient dans cette petite maison de Drancy. Et mon amie qui a vécu jusqu'à 90 ans, j'allais la voir très souvent, est restée habiter dans ces immeubles modernes de Drancy. Cette histoire a quelque chose d'extraordinaire, ces trois familles différentes de déportés, qui se retrouvent ensuite à Drancy, très près du camp… Celle qui est morte très âgée

1. 22, rue de l'Harmonie, à Drancy (Seine-Saint-Denis).

a eu des enfants très brillants, des médecins. Il y a quand même des histoires merveilleuses comme ça, de temps en temps, des histoires de gens qui, après tant de malheurs, tant de difficultés, s'en tirent. Et pour nous, elles ont été formidables… *(Elle marque une pause.)*

Les hommes et les femmes

À Bobrek, on faisait donc du terrassement mais sans être harcelées. Il n'y avait pas de kapo pour surveiller ce travail. Le SS était là, et puis il n'était pas là... Mais je dirais qu'il y avait un problème tout de même à Bobrek... Les hommes n'aiment pas beaucoup en parler. Je ne sais pas si ceux qui ont témoigné en ont parlé ou pas. Je crois que c'est le seul camp dont j'ai entendu parler comme ça, un camp où les hommes et les femmes étaient beaucoup ensemble. Ça ne facilitait pas la vie.

Si vous voulez, il y avait, quoi, 250 hommes... Quand on était à Birkenau, à Auschwitz, quand on avait la vie quotidienne de déporté de base, homme ou femme ça n'existait pas. Il y a eu quelques histoires d'amour, on parlait de Mala[1]

1. Mala Zimetbaum, née en 1918, déportée depuis la Belgique le 15 septembre 1942, tomba amoureuse d'un détenu polonais. Elle tenta de s'évader avec lui. Ils furent

qui s'était évadée avec un homme… Mais pour les autres, c'était vraiment… Mala travaillait comme interprète, je ne l'ai pas connue mais j'ai beaucoup entendu parler d'elle, surtout au moment où elle s'est évadée, parce que j'étais alors encore au camp. Elle a été reprise au mois de juillet après, et à ce moment-là j'étais à Bobrek, mais on a tout de suite su qu'elle avait été reprise. Tout ce qu'on a dit d'elle, de son courage, correspond à ce qu'on entendait au camp. On disait qu'elle était vraiment quelqu'un d'exception, qu'elle a beaucoup aidé les gens. Surtout les Belges, elle était belge, enfin elle était polonaise d'origine, et les Français l'ont souvent moins connue. Elle a eu un courage formidable.

À Bobrek, tout de même, on rencontrait beaucoup d'hommes. Il y en avait parmi eux qui étaient très libres, qui allaient où ils voulaient, qui essayaient vraiment de vous acheter par tous les moyens. Alors ça créait une pression insupportable, par moments. Insupportable. On était très peu de femmes… Quand on était au terrassement, que j'étais avec Maman, etc., cela allait, mais dès qu'on

arrêtés et condamnés à mort par pendaison le 15 septembre 1944.

était un tout petit peu isolées, dès qu'on se trouvait seules... ils ne faisaient pas *ça*, non, ils n'auraient pas tenté... C'était la pression morale. Enfin, morale... La pression, voilà...

Par exemple, il y avait un déporté qui avait beaucoup de facilités, il travaillait dans la cuisine, alors il voulait me donner à manger, mais il exigeait que... La cuisine des SS se trouvait juste en face de notre bloc. Je mangeais suffisamment, ce qu'on avait au camp n'était pas bon, j'avais faim, mais je n'étais pas affamée du tout à ce moment-là. Maman ne pouvait rien manger. Je lui disais « je vais apporter ça à Maman », il disait « tu manges là ! » et je répétais « non, je l'apporte à Maman ». Chaque fois. C'était pénible, ce genre de choses. Quelquefois, c'était encore plus...

Et puis en même temps... Je me souviens, comme ça, d'un autre qui ne m'a jamais rien demandé, qui n'a jamais eu le moindre geste, rien. On a passé Noël encore là. Lui, je ne sais pas... Il était dans les premiers numéros, il était arrivé depuis très longtemps, je crois qu'il était autrichien, je n'ai jamais su grand-chose sur lui. Et je ne sais pas comment, pour Noël, il s'était procuré du parfum pour moi. Mais il ne m'a jamais rien demandé en retour, jamais rien. Il m'avait donné aussi un pyjama neuf. Il avait de l'argent sûrement.

Comment il se l'était procuré cet argent... je ne sais pas. Du parfum et un pyjama ! Au camp, c'était quelque chose d'absolument...

À Bobrek, je n'avais pas la possibilité de voler. Si j'avais voulu, j'aurais demandé quelque chose au cuisinier des SS que je connaissais, je lui aurais dit : « Écoute... » Mais c'était lui justement qui voulait absolument me donner à moi et pas à Maman. Cela dit, j'en ai parlé avec des camarades, avec Paul Schaffer[1] justement, parce qu'il me trouvait sévère avec lui, il m'a dit : « Il nous a beaucoup aidés, il a été formidable pour les jeunes... » Peut-être qu'au fond, son idée, c'était plutôt d'aider les jeunes. Mais enfin, en même temps...

Celui qui m'a offert le parfum, j'ai essayé, après le camp, de savoir ce qu'il était devenu. Je ne connaissais que son prénom, il était très gentil, tout le monde l'aimait bien. Il ne travaillait pas, il recevait des choses. Comment il les recevait ? Je ne sais pas. Je pense que les gens qui ont été déportés tôt, très tôt, ont exercé des responsabilités, et pour

1. Paul Schaffer (1924-2020), né et élevé à Vienne (Autriche), réfugié en France, fut déporté par le convoi 28, le 4 septembre 1942 à Auschwitz. Affecté à l'usine Siemens dans le camp de Bobrek, il rencontra Simone Jacob. Se noua entre eux une amitié profonde. Son témoignage a été enregistré le 12 juillet 2005.

certains, on pense qu'ils ont été supprimés, qu'ils savaient trop de choses, qu'ils ont été tués à la fin... Enfin je n'en sais rien, il a pu mourir aussi dans les derniers mois. Je l'ai vu pour la dernière fois à Gleiwitz, il est parti sûrement dans un des trains qui ont quitté Gleiwitz pour Berlin, ou pour Mauthausen, je ne sais pas du tout. Il m'a fait des cadeaux, comme ça. On se disait bonjour, c'est tout, à peine. C'est très curieux, enfin... C'est par gentillesse... *(Elle marque une pause.)*

À Gleiwitz, on s'est retrouvées aussi avec beaucoup d'hommes, alors là c'était un autre chantage. C'étaient les hommes qui vous disent : « On n'a pas vu de femme depuis dix ans. » Bien sûr, c'est toujours la même chose, c'étaient les kapos, les chefs de bloc, les gens qui avaient des responsabilités. On n'est restées que deux jours là, alors...

Des histoires d'amour entre femmes ? Non, pas vraiment. Je me souviens tout à fait au début, en quarantaine, des filles qui travaillaient dans le bloc et qui vous disaient : « Viens, viens, tu dois avoir faim, je te donne du pain avec un peu de margarine et du sucre » ; on disait : « Ah je n'ai pas faim », et on partait, c'était pas grand-chose. Elles avaient envie comme ça d'une compagne... Il y avait sûrement des couples, mais pas très affichés...

Gleiwitz

On avait eu un premier espoir à Bobrek. Comme il y avait des déportés qui travaillaient dans les bureaux, et que l'espace était très petit, on vivait beaucoup plus en collectivité, on pouvait dialoguer entre nous, se rencontrer plus facilement. Donc, dès qu'il y a eu l'attentat contre Hitler[1], on l'a su immédiatement. Et on avait eu beaucoup d'espoir qu'il ait été tué dans l'attentat. Malheureusement, ça a été une fausse joie. Mais à partir, je dirais, de mi-août, début septembre, on a vu qu'a commencé un grand reflux de l'armée allemande. Ça commençait déjà très tôt, l'offensive russe. Et on a vu passer des choses, parce que le camp était juste au bord de la route, entre Cracovie et Katowice, je crois. On voyait passer des convois. J'ai souvenir même de quelques chameaux ou

1. 20 juillet 1944.

dromadaires avec des Mongols. Enfin, on a vu passer de tout, et puis après, de plus en plus de gens, à l'approche de l'hiver... Puis on a entendu le canon et vu la lueur du front. À partir de début janvier, on pensait, on espérait que la guerre finirait très vite... On ne savait pas du tout qu'il y aurait l'échec des Ardennes, que tout cela serait très long. On voyait la guerre se terminer dans les semaines à venir, tant on avait le sentiment d'une pression forte et, surtout, d'un exode très important, d'une déroute allemande. Et puis, en même temps, on avait la crainte de se dire : « Qu'est-ce qu'ils feront ? Est-ce qu'ils auront le temps de nous gazer avant, de nous supprimer pour qu'il ne reste rien ? »

À partir du moment où on nous a dit qu'on partait pour Auschwitz, on s'est demandé pourquoi... En fait, notre groupe est allé jusqu'à Monowitz[1], puis on est revenus sur nos pas parce que ce n'était pas dans la bonne direction. Quand on a dépassé Auschwitz, on s'est dit : « Bon, on ne sait pas ce qu'ils vont faire de nous, mais, en tout

1. Monowitz-Buna (Auschwitz III), camp de travail forcé où des centaines de milliers de Juifs ont passé des semaines, voire des années, dans des conditions épouvantables. Beaucoup d'entre eux furent envoyés à Auschwitz II, où ils furent gazés.

cas, on ne sera pas gazés là. » Ils pouvaient nous fusiller, mais c'était plus compliqué. Et on a marché… Ça, c'était le soir, tard. On est partis vers 17 heures de Bobrek, il ne faisait pas encore complètement nuit. On avait donc été vers Monowitz, Auschwitz. Et puis on a été vers Gleiwitz, qui devait être à 70-80 kilomètres. En tout, on a dû faire 80 kilomètres, en s'arrêtant juste quelques heures dans une grange. Presque tout le monde à un moment quelconque de la marche s'est arrêté là, d'ailleurs.

Et on est arrivé à Gleiwitz. Il y avait plusieurs camps à Gleiwitz, et puis, ils avaient ramené les gens de toute la région parce que dans la zone d'Auschwitz, il y avait énormément de camps, de commandos de plusieurs dizaines de milliers de personnes. Donc on s'est retrouvés très nombreux. On ne distribuait rien. Les femmes ont été privilégiées, un peu, parce que comme on avait travaillé dans la cuisine des SS, on nous a donné du pain, de la soupe et à boire. Les gens, sinon, n'avaient vraiment ni à boire ni à manger.

Alors c'est là que j'ai un dernier souvenir de ce Fritz, il m'avait apporté de l'eau, tout un seau d'eau. Je ne sais pas comment il a fait… C'est la dernière fois que je l'ai vu. On est restés deux jours, je crois, à Gleiwitz. Je crois qu'il y a eu des sélections, mais des sélections où on passait comme ça devant les SS, sans même savoir que c'était la sélection[1].

Tous ces gens entassés... Certains étaient déportés depuis 1939-1940, ou même détenus avant, probablement. Parmi les détenus politiques, il devait y avoir d'anciens communistes, d'anciens socialistes, enfin les premiers Allemands des années 1933-1934. Il n'en restait pas beaucoup, mais quand ils avaient tenu un certain temps – surtout les Allemands –, les SS s'en servaient dans les bureaux, ils en avaient besoin. On a souvent dit que beaucoup d'entre eux avaient disparu à la fin, parce qu'ils savaient trop de choses pour témoigner.

Gleiwitz, c'était l'Enfer de Dante, tout à fait. Étaient là des gens qui pensaient qu'ils allaient mourir. Et qui recherchaient donc n'importe quelle jouissance, n'importe quoi. Y compris les SS, d'ailleurs. Parce que, au fond, les SS se sentaient nécessairement aussi menacés puisque les Russes étaient tout près. D'ailleurs, pour moi, ça reste toujours aussi incompréhensible. Certains historiens

1. Des sélections aussi on lieu à l'intérieur du camp. Notamment à l'aller et au retour des commandos de travail. Celles qui défaillaient étaient conduites à la chambre à gaz.

ont parlé de ça. Je crois que c'est Philippe Burrin qui dit que l'obsession de tuer les Juifs était pour Hitler, à un moment, plus importante que la victoire[1]. C'est ce que j'ai ressenti.

Pourquoi est-ce qu'on nous a évacués ? On n'avait qu'à nous laisser à Auschwitz. On a encombré ; il a fallu nous mettre dans des trains ; on était incapables de travailler ; on n'était plus bons à rien de toute façon ; la moitié sont morts dans les trains. Au moins la moitié, morts dans ces trains... Dans chacun de ces convois, il y avait souvent 1 500, 1 000 personnes, dans des wagons à bois, sous la neige, sans manger... Les derniers jours, on nous faisait partir d'un camp pour un autre... Tout ça n'a aucun sens, aucun sens. Ils laissaient les cadavres. J'ai eu surtout ce sentiment à Gleiwitz. Parce que je suis convaincue qu'ils n'ont pas pu évacuer d'abord les civils allemands – il y en avait beaucoup – ni les soldats ni les SS, certainement – beaucoup sont restés. Pourtant, on a fait partir des trains avec des mourants. Et ce qui s'est passé à la fin de la guerre, au mois de mai 1945, quand les gens ont fait des marches... Au fond,

1. Philippe Burrin, *Ressentiment et apocalypse. Essai sur l'anéantissement nazi*, Seuil, 2004.

pourquoi ? *(Elle marque une pause.)* C'est obsessionnel. Pourquoi ?

De toute façon, c'est un génocide, enfin une extermination très différente. Je pense d'ailleurs que quand on parle génocide, qu'on parle du Cambodge ou du Rwanda, ce sont toujours des contextes assez différents. Au Cambodge, c'est une classe sociale qu'on élimine, avant tout pour que les Khmers rouges n'aient plus qu'à faire leur révolution, tranquilles… Au Rwanda, c'est la suite d'un long conflit, d'une rivalité entre Hutus et Tutsis…

Là, je pense que le contexte n'est pas du tout religieux, ce n'est pas l'antisémitisme classique, traditionnel, chrétien, contre ceux qui ont tué le Christ. Ce sont… des êtres néfastes, qui n'ont pas le droit de vivre, même pas de naître, enfin, même pas de grandir. Je dis « même pas de grandir » parce que quand je pense à Auschwitz et à Birkenau, à tout ça, la chose qui est vraiment effroyable, c'est la mort des enfants. C'est insupportable. Insupportable de penser à ces enfants qui ont été séparés de leur mère, qui sont arrivés là comme ça, tout petits, ou dans les bras d'une éducatrice pour aller à la chambre à gaz[1]. C'est insupportable. Insupportable. *(Elle marque une pause.)*

---

1. Allusion probablement aux quarante-quatre enfants de la colonie d'Izieu (Ain), raflés avec leurs sept éducateurs sur

Quand on voit toutes ces photos des enfants… Aujourd'hui, on a ses photos dans son appareil, tout le monde en a, mais à l'époque, on prenait des photos pour les fêtes, alors les enfants sont endimanchés, bien coiffés, avec un joli sourire… Au musée de Malines[1], en Belgique, c'est terrible, ils ont retrouvé des photos de familles, on voit les disparitions au fur et à mesure… C'est insupportable. Quand on pense aux enfants, on se dit, mais quelle haine il faut pour pouvoir tuer des… aller chercher un bébé…

Avec la commémoration du 60e anniversaire, je suis allée dans la même semaine successivement aux Pays-Bas et en Grèce, à Amsterdam et à Athènes. On se dit, dans un pays comme dans l'autre, comment ils sont allés chercher les gens, dans des conditions épouvantables, pour que vraiment personne ne survive. En Grèce, c'est encore plus frappant. On raconte quelquefois qu'un

---

ordre de Klaus Barbie. Tous furent déportés par six convois différents entre avril et juin 1944, dont trente-quatre enfants et quatre éducateurs par le même convoi que Simone Jacob. Ils ont tous été gazés, sauf Léa Feldblum, une éducatrice, sélectionnée pour des « expériences médicales ».

1. Camp de rassemblement des Juifs à mi-chemin entre Bruxelles et Anvers, d'où 26 053 Juifs furent déportés à Auschwitz-Birkenau.

bateau faisait escale dans une île pour prendre une personne, ou deux. C'est fou. Et, comme en plus ils étaient très isolés dans les camps, presque tout le monde est mort. Il n'y a plus de Juifs dans ces pays.

L'évacuation

On est donc évacués à Gleiwitz. On prend ces trains qui étaient des trains complètement ouverts, des plateaux à bois, d'autres étaient dans des wagons à charbon un peu plus hauts. On n'était que des femmes, on était entassées, tellement entassées qu'on se battait pour se faire un peu de place, on ne pouvait même pas s'asseoir. Certaines essayaient de vous jeter par-dessus la rambarde, simplement pour se faire de la place. Ma sœur avait des traces de griffures, certaines déportées l'avaient griffée dans le wagon, pour essayer de la sortir.

Ce qui est extraordinaire, c'est qu'on est passées très rapidement par la Tchécoslovaquie, par les faubourgs de Prague, et comme on était dans ces wagons tout à fait ouverts, on ne passait pas très loin des maisons. Les Tchèques qui devaient avoir déjà vu plusieurs trains passer nous ont envoyé du pain, ce qu'ils pouvaient. Alors on recevait tout de même pas mal de choses. Puis quand on s'arrêtait dans une gare, ils venaient apporter des seaux d'eau. Et du jour même où nous avons passé la frontière, c'était fini. On a vu le moment précis où on passait la frontière. Ensuite, on est passées par l'Autriche, on est allées à Mauthausen[1]. Il n'y avait pas de place, on est restées quelques heures, puis on est reparties vers le nord, dans ce convoi. Et ce train a été jusqu'à Dora.

En arrivant à Dora[2], la moitié des gens étaient morts. Parmi les femmes, personne. Pas une seule femme, je crois. On était très peu nombreuses. Il y avait notre groupe de Bobrek, et puis un groupe de femmes tsiganes. On s'est retrouvées dans une

---

1. Par manque de place, Mauthausen refusa d'accueillir les déportés. Pendant huit jours par – 30 °C, le train de déportés erra dans les pires conditions en Autriche et en Tchécoslovaquie.

2. Simone, sa sœur et sa mère, transies de froid, épuisées, sont arrivées le 28 janvier 1945 au camp de Dora-Mittlebau, un des camps de concentration et d'extermination par le travail les plus meurtriers du IIIe Reich. D'août 1943 à avril 1945, près de 9 000 déportés de France ont creusé des tunnels pour installer un site industriel et assembler les pièces de fusées V2 censées anéantir l'Angleterre depuis le Pas-de-Calais. Plus de la moitié sont morts dans l'enfer du camp.

petite baraque à l'entrée du camp. D'ailleurs, j'ai reçu une fois une lettre de gens qui m'ont écrit, en disant : « On a vu que vous aviez été à Dora dans le seul convoi de femmes qui s'est arrêté à Dora. » On était, je ne sais pas, peut-être, en tout, une soixantaine, peut-être un petit peu plus.

C'était donc à l'extérieur du camp. Il y a une femme tsigane qui a accouché dans la nuit. Le bébé a été tué tout de suite, elle l'a tué elle-même je crois, ou ses amies. Mais elle a survécu et accouché comme ça. Et puis des Français qui étaient à Dora ont appris que des Françaises étaient arrivées et sont venus nous apporter à manger. Les SS les ont surpris, je crois qu'ils ont dû recevoir une ou deux gifles… Et puis, au bout de deux ou trois jours, on est reparties pour Bergen-Belsen, on n'est pas restées à Dora, mais notre passage est inscrit dans les archives du camp.

Aucun des hommes qui étaient avec nous à Bobrek n'était dans ce train. Donc, je n'ai rien su de ceux qui étaient à Dora. Beaucoup des hommes qui étaient avec nous sont partis à Berlin pour déblayer la ville à cause des bombardements, etc. Bobrek est resté tel quel, ça n'a pas été détruit. C'était une vieille usine mal foutue, de l'extérieur. Quand j'y suis allée, la dernière fois où j'étais à Auschwitz ou la fois d'avant, l'extérieur était pareil, à peu près. C'est toujours une usine, et de l'extérieur, ça a toujours l'air aussi mal foutu. Sauf que le terrain m'apparaissait grand, et là il m'a paru très réduit. Est-ce qu'on a élargi la route ? Je n'en sais rien. Mais la porte d'entrée est à peu près la même. Tout ça a peu changé. Alors ce qui est amusant – si j'ose dire –, c'est que dans le bureau des contremaîtres – aujourd'hui, c'est toujours une usine – il y a un portrait qui représente un rabbin je crois, un tableau qui a dû être volé chez des voisins, je n'en sais rien. Ce n'est pas devenu une belle usine, c'est le même bâtiment. Je n'ai pas demandé à voir là où nous logions, je ne me suis pas beaucoup attardée. Enfin j'ai trouvé ça tout de même un peu curieux. Il faut dire que tout ça est redevenu la Pologne, donc ça a mis du temps aussi à se refaire.

Nous sommes donc restées juste deux jours, puis on est reparties jusqu'à Bergen-Belsen, cette fois en wagons fermés, des wagons à bestiaux ordinaires où nous n'étions pas du tout entassées parce que nous étions peu nombreuses. Et on a dû arriver le 30 ou le 31 janvier[1], après être parties le 18 janvier.

---

1. Le camp de Bergen-Belsen est un camp de concentration nazi situé en Basse-Saxe, près de Hanovre, en Allemagne.

Bergen-Belsen

Quand nous sommes arrivées à Bergen-Belsen, il n'y avait encore pas trop de monde ; des Françaises venaient d'arriver d'Auschwitz, certaines avaient quitté Birkenau au mois d'octobre, dont ma belle-sœur[1], par exemple, qui est passée à Bergen-Belsen, mais je ne la connaissais pas encore. Il y avait notamment des Hongroises, mais pas seulement ; un certain nombre sont parties. Mais c'est surtout à partir de ce moment-là qu'ont eu lieu les grandes évacuations sur Bergen-Belsen. Il y a eu énormément d'arrivées provenant d'absolument toutes les

1. Marie-Hélène Veil, née le 17 juin 1922 à Blamont (Meurthe-et-Moselle), arrêtée à Grenoble, a été déportée par le convoi 69 du 10 mars 1944. Le 31 octobre 1944, elle a été transférée en train au camp de Bergen-Belsen (Allemagne), puis à Theresienstadt (République tchèque) d'où elle sera rapatriée avec ses camarades en avion via Falkenau (Allemagne).

régions, puisque l'Allemagne s'est, petit à petit, rétrécie. Tous les gens ont bifurqué vers cette région qui paraissait assez éloignée de tout. Les gens y sont morts de faim, de soif, et surtout du typhus. Il n'y avait pas de chambre à gaz – enfin, peut-être une toute petite chambre à gaz, dans certains cas… Mais la mortalité des dernières semaines a été effroyable. Le pire, c'est le typhus, mais aussi la faim. Je crois que… on me l'a dit, et j'ai beaucoup de raisons de croire que c'est vrai, qu'il y a eu du cannibalisme à Bergen-Belsen.

On ne travaillait pas au camp, les gens n'étaient pas occupés. Par hasard, j'ai rencontré à nouveau Stenia. Elle était cheffe du camp, avec les mêmes fonctions qu'à Auschwitz. C'était toujours une belle femme, avec beaucoup d'allure. Je l'ai rencontrée parce que, comme on ne travaillait pas, on errait un peu. Elle m'a reconnue tout de suite et m'a affectée à une des rares activités qu'il y avait à Bergen-Belsen : la cuisine des SS. Évidemment, c'était un très grand privilège, une chance.

Il y avait celles qui travaillaient à la cuisine des SS, et puis celles qui travaillaient pour la cuisine ordinaire, et on communiquait facilement avec elles. Alors le système était le suivant : on leur apportait de la soupe, une soupe qu'on ne mangeait pas parce qu'on avait autre chose, et en échange, elles nous sortaient des trucs parce qu'elles n'étaient pas fouillées, contrairement à nous qui étions beaucoup plus surveillées. Mais je ne sais pas voler, je ne sais pas m'organiser. C'est seulement après la libération qu'on m'a expliqué comment il fallait faire pour les vols. Ces vols, on les faisait sur les SS, donc on n'avait pas beaucoup de scrupules. J'ai appris les prix aussi, ce que valait les choses. Certains volaient pour se nourrir ou pour des amis, et puis d'autres vendaient. Ça s'est toujours fait aussi.

Je faisais un travail qui avait l'air très reposant et sans inconvénients, mais qui a été terrible, d'abord parce que j'ai failli me faire renvoyer à plusieurs reprises. Même les Allemands n'avaient plus rien, plus de farine, rien. Mais ils avaient des pommes de terre. Alors on avait des tonneaux de pommes de terre qu'on devait râper avec de grosses râpes. J'avais l'impression que je mettais plus de sang dans le tonneau que de pommes de terre râpées. Toute ma peau partait en râpant, parce que je n'arrivais pas à aller assez vite. On devait remplir un tonneau dans la journée, ce qui était impossible. Alors, en douce, je rajoutais de l'eau – comme les pommes de terre rendent beaucoup d'eau de toute façon… –, mais malgré cela, je n'arrivais pas à faire mon plein. Et on ne dormait presque pas la nuit parce qu'il y avait des alertes, très souvent on rentrait très tard dans le camp.

Dans la cuisine des SS, ils faisaient cuire du lait. Alors je volais – moi qui n'aimais pas le lait et qui n'aime toujours pas ça –, je volais deux ou trois verres. S'il y avait un peu moins de lait, personne n'y voyait rien, il n'y avait aucun risque : les grandes cuves de lait étaient juste à côté de l'endroit où il y avait mes râpes à pomme de terre. Alors je me levais, et j'allais boire un verre de lait. J'étais incapable de manger, je devais peser, au moment de la Libération, 30-35 kilos.

Une fois, je me suis fait prendre avec du sucre que j'avais volé pour Maman. J'ai dû – je ne sais pas combien de temps – ramper par terre, mais ils m'ont laissé le sucre. J'étais très contente. Je ne sais pas s'ils ont oublié de le reprendre ou s'ils se sont dit que j'avais suffisamment payé et qu'ils me l'ont laissé.

J'ai dû avoir le typhus sans même m'en rendre compte. Je crois que toutes maladies que j'ai eues dans ma vie, ça a toujours été des maladies qui ne m'ont pas trop affectée comme la scarlatine dont je parlais plus tôt. Je ne suis jamais malade, jamais la grippe, jamais rien. Et là, j'ai eu le typhus, c'est ce que m'a dit un médecin bien plus tard d'après des tests en rentrant. Ma sœur l'a eu très gravement et Maman est morte du typhus[1].

Le typhus se répand par les poux. Il y avait tellement de poux dans les vêtements qu'on n'arrivait plus à s'en débarrasser. On essayait n'importe quoi. Je me souviens une fois d'avoir vu de loin un chandail et de m'être dit : « Tiens, il est en angora, celui que j'ai est moche, je vais changer. » Mais c'étaient les lentes qui donnaient le sentiment qu'il y avait de l'angora sur le pourtour du chandail. C'est fou, il y en avait tellement, c'était effrayant.

Ce que j'ai le plus apprécié, en arrivant au Lutetia, mais on avait déjà vu un peu ce que c'était à Bergen-Belsen, c'est le DDT. On ne connaissait pas, c'était nouveau. Se dire qu'on était débarrassés des poux ! On était dévorées. C'était effrayant. On ne pouvait plus rien faire. D'ailleurs, il n'y avait aucun moyen de se laver, il n'y avait plus d'eau. La seule eau qui restait se trouvait à deux ou trois emplacements, dans des bassins devenus des espèces de marécages où l'on jetait n'importe quoi. Les gens avaient tellement soif, et il n'y avait si peu d'eau dans le camp que ces bassins étaient entourés de barbelés. Et les gens passaient sous les barbelés

1. Yvonne Jacob est morte le 15 mars 1945. Elle avait 44 ans.

et se faisaient tuer pour aller chercher de l'eau dans ces bassins dégoûtants. En plus, quand les gens sont malades, ils ont horriblement soif.

Tout ça n'a pas été une période très longue, mais une période terrible. Terrible, parce que, vraiment, les cadavres... On a vu tous ces films[1], les témoignages sur Bergen-Belsen... C'étaient des squelettes, ces cadavres. Vraiment il ne restait rien, je ne sais pas combien ils devaient peser à la fin. Et puis les gens avaient des dysenteries épouvantables, ils n'avaient pas le temps de sortir. C'était affreux, vraiment épouvantable. Il n'y avait plus un endroit pour se loger, même dans les toilettes, là où il y avait des lavabos, les gens étaient sous les lavabos. C'est fou.

On savait que les Anglais allaient arriver – d'ailleurs, ça a été confirmé récemment. J'ai lu un livre d'un Anglais expliquant que l'accord entre les Anglais et les Allemands s'était fait quelques jours avant. Peu avant, on voyait les SS avec des brassards blancs ; d'ailleurs, j'en suis convaincue, beaucoup de SS sûrement sont morts du typhus

1. À leur arrivée, les opérateurs britanniques filment le camp abandonné par les SS. La scène où des centaines de cadavres sont poussés par un bull-dozer conduit par un soldat britannique choque le monde entier.

aussi. Quand les Anglais sont arrivés, c'était épouvantable. Ils ne pouvaient pas croire ce qu'ils voyaient. Les Anglais ont été eux-mêmes tellement dépassés et horrifiés en découvrant tout cela que le général anglais a donné sa démission, enfin il a demandé à repartir au front très peu de temps après, parce que la guerre n'était pas finie. Il a dit qu'il n'avait aucun moyen, qu'il ne pouvait rien faire et il ne le supportait pas…

Le retour

On a été libérées le 17 avril, si je me souviens bien – le 15 ou le 17, je ne sais jamais exactement –, et on est rentrées le 23 mai, donc on est parties le 18 mai. C'est-à-dire qu'on n'était pas du tout pressé de nous faire rentrer. En réalité, on ne nous a pas soignées du tout. On n'a pas eu de régime adapté. Ma sœur a pu manger à peu près convenablement des choses qu'elle obtenait grâce aux soldats français. C'étaient des officiers juifs qui étaient à Lübeck, et qui, sachant que des femmes juives étaient là, sont venus ; les soldats, eux, n'ont fait que passer. Mais des soldats français dans le stalag, juste à côté, sont venus nous voir plusieurs fois. Ces soldats qui avaient été en captivité quatre ou cinq ans ont été formidables pour nous. Mais je ne sais pas ce que les autorités françaises faisaient. Les Français savaient qu'il y avait tout de même pas mal de Français là, parce qu'un officier de liaison était sur place pour faire les papiers, c'est tout. Il y avait également un jeune médecin qui voulait absolument rester pour nous soigner mais il n'en a pas eu l'autorisation. Il a dû repartir assez rapidement. Eux sont rentrés en avion. Il avait apporté des cigarettes – on n'avait pas du tout envie de fumer, mais les cigarettes m'ont permis de faire des achats. On n'avait absolument pas le droit de sortir, on était alors dans les casernes de SS hongrois qu'on avait déménagés. Complètement enfermées. Je passais sous les barbelés pour sortir et aller dans les fermes, où je troquais des cigarettes. C'est comme ça que j'ai rapporté des pommes de terre, du lait pour ma sœur, pour qu'elle puisse se nourrir, parce que sans ça… Il n'y avait que les rations de l'armée.

Puis on a quitté le site. On n'a pas vu très bien ce qui se passait. On ne s'est pas beaucoup occupé de nous. Les Anglais étaient toujours en guerre, ils ont fait ce qu'ils ont pu. Les prisonniers de guerre sont rentrés très vite, par avion, nous on est rentrés en camion. On a voyagé cinq jours en camion, entassées, plus ou moins debout et mal installées ou assises dans le fond. À chaque étape, je négociais pour que ma sœur soit à côté du chauffeur. Sans ça, les conditions de voyage étaient épouvantables. Et la dernière étape s'est faite en train. Ma sœur a été, à ce moment-là, dans un wagon sanitaire jusqu'à Paris. On est passées par la frontière des Pays-Bas, par Valenciennes, et on est arrivées à Paris. Ces jours en camion ont été épouvantables.

Au retour, les Juifs n'étaient pas organisés. Les communistes l'étaient avec la rue Leroux, il y avait la FNDIRP, ou il n'y avait rien. Alors certaines ont été rue Leroux[1], moi j'y ai mis les pieds une fois, il fallait prendre la carte du Parti, je me suis dit que je n'y retournerais jamais, ce qui a été le cas – pour ma sœur également. Nous avions la chance d'avoir mes oncle et tante qui étaient rentrés à Paris. Mais là, le drame, c'était que leur fils avait été tué juste avant…

Quand on allait à la FNDIRP, la Fédération nationale des déportés résistants, rue de Boulainvilliers, où il y avait un dispensaire, même plusieurs années plus tard, pour faire un examen pour un dossier médical, on vous renvoyait en vous traitant quasiment de sale Juive, en disant : « Non, ici c'est les Résistants. » Quand on avait le bras nu – j'ai perdu l'habitude de les avoir –, on me disait : « Ah ah, on croyait qu'ils étaient tous morts, il y en a

---

1. La Fédération nationale des déportés et internés résistants et patriotes se trouvait 10, rue Leroux, dans le 16e arrondissement.

encore quelques-uns qui ont survécu ! » *(Elle marque une pause.)* Enfin, ce n'était pas généralisé, mais on pouvait entendre ça. Donc une fois pour toutes, j'ai préféré, pendant longtemps... Maintenant mon numéro, comme je suis brune, il ne se voit pratiquement pas, et puis ça m'est égal.

À notre retour, Madeleine était très malade, elle était même plus malade que je ne le pensais. Je lui avais dit de ne pas se faire raser les cheveux, elle a fini par le faire, elle avait des croûtes terribles sur la tête. Était-ce les poux qui lui avaient mangé la peau ? Je ne sais pas, je lui avais dit : « Écoute, attends, on va être libérées, on va être libérées. » Je me souviens, les quinze derniers jours, je lui ai répété : « Ne te rase pas les cheveux, tu le regretteras. » Et puis elle n'a pas tenu, elle a rasé ses cheveux quand même. Elle était très, très maigre. Mes oncle et tante qui étaient médecins tous les deux ont beaucoup hésité à la faire hospitaliser. Finalement, ils l'ont soignée chez eux, et bien soignée. Ça a été long parce que quand je suis partie en Suisse au mois d'août[1], elle était encore assez malade. Mais elle n'était plus en danger.

---

1. Le 17 août 1945, Simone Jacob partit en convalescence dans une villa à Nyon, sur le bord du lac Léman, où elle resta deux semaines grâce à Denise, sa sœur aînée qui était membre de l'ADIR (Association des déportées et

Après avoir été arrêtées, nous avions appris, par des gens d'un convoi postérieur, que papa avait été arrêté aussi. Ma sœur Denise, on s'était dit qu'on la retrouverait, qu'elle ne serait pas déportée, comme c'était peu de temps avant la Libération. Je crois que la seule fois où j'ai vraiment craqué, pleuré – sans ça, on n'avait même plus envie de pleurer –, c'est le dernier jour de camion. On est à la frontière, près d'un très grand centre de tri, où il y avait à la fois des prisonniers, des déportés, des gens venant un peu de partout, et d'où partaient des trains qui, ensuite, allaient vers les Pays-Bas. Une espèce de chemin de terre menait jusqu'au train, ce centre de liaison était installé – et plutôt bien d'ailleurs – peut-être à 200-300 mètres de la voie ferrée. Là, je vois quelqu'un que j'avais connu avant, à Birkenau, qui me dit : « Oh, j'ai vu ta sœur Denise à Ravensbrück. » Elle s'aperçoit que je ne savais pas du tout que ma sœur avait été déportée. Alors elle me dit : « Mais non, je me suis trompée, j'ai confondu avec quelqu'un d'autre. C'est une autre, etc. » Et je n'ai rien pu tirer d'elle. Mais elle en avait dit suffisamment pour que je sois

---

internées de la Résistance), créée par Geneviève de Gaulle et Germaine Tillon à leur retour de Ravensbrück pour venir en aide aux anciennes déportées.

sûre qu'il s'agissait de ma sœur. À ce moment-là, beaucoup de bruits avaient couru qu'à Ravensbrück, on avait exterminé tout le monde... Enfin, on ne savait plus rien, d'un camp à l'autre, les derniers temps ; c'est vrai qu'il y a tout de même eu énormément de gens qui sont morts soit sur les routes, soit fusillés, soit...

J'ai donc rejoint ma sœur qui était déjà dans ce wagon sanitaire. Elle m'a vue et n'a pas compris, elle m'a dit : « Mais qu'est-ce que tu as à être dans cet état ? » Et je lui ai dit : « Écoute, je ne peux pas le cacher : Denise a dû être déportée aussi. Elle a été à Ravensbrück. » Alors elle a essayé de me calmer, mais jusqu'à notre arrivée au Lutetia, on était très inquiètes... Heureusement, elle avait été libérée très tôt. Elle était à Mauthausen, puis elle était rentrée par la Suisse, avant nous. Au moins, pas cette angoisse...

On a espéré très longtemps le retour de mon frère. Ce qui compliquait beaucoup les choses, c'était qu'on savait que lui et mon père étaient partis dans les pays Baltes, mais on ne savait pas où exactement. En tout cas, on savait qu'ils n'étaient pas restés en France, qu'ils n'avaient pas été à Auschwitz, et on parlait des pays Baltes. Une chose est sûre, ils ont été déportés après ensemble, on a retrouvé leurs fiches de départ[1]. Mais on ne sait même pas les noms de ceux qui ont été à Kaunas, au Fort Neuf ou à Tallinn, en Estonie, où certains ont travaillé sur un aéroport. Sur les 850 ou 900 déportés, je crois qu'une vingtaine seulement sont rentrés et dont la plupart ne savent pas grand-chose. Aujourd'hui, le père Desbois travaille dans cette région sur des fosses, et il pense que, peut-être, s'ils avaient fait venir ces Français, c'était pour retrouver des gens qui avaient été enfouis dans les fosses pour que tout soit détruit et être eux-mêmes, à leur tour... On ne sait rien. De Fort Neuf, il est question dans *Le Livre noir* d'Ilya Ehrenbourg, mais il n'en dit rien non plus. Ils ne savent pas. Je suis allée une fois là-bas, mais... *(Elle marque une pause.)*

1. Ils sont déportés par le convoi 73 du 15 mai 1944.

Vous pensez encore à danser ?

Au retour, on a eu beaucoup de difficultés à vivre, et pendant longtemps... D'abord, on se sentait complètement déplacés, même gauches. En plus, je n'avais jamais vécu à Paris. J'étais une petite lycéenne, pas encore étudiante, vivant dans un milieu provincial. Et tout d'un coup, on est projetée... Tout de même, j'ai su assez vite que j'avais été reçue au bachot. J'avais toujours dit : « Ça, jamais je ne repasserai mon bachot, donc si je ne l'ai pas eu, je ne ferai pas d'études. » Et en même temps j'avais envie de faire des études, parce que Maman nous avait tellement élevées dans l'idée que les femmes devaient avoir un métier, un vrai métier, que c'était très important pour moi. Et j'avais toujours eu envie de faire du droit, je voulais être avocate. Au mois de septembre, je me suis occupée de m'inscrire en droit. Mais en juin-juillet, je ne sais pas ce que je fais. Je vois pas mal ma sœur Denise, je vois mes sœurs. Je ne connais pratiquement personne à Paris, quelques camarades – pas beaucoup, ils ne sont pas rentrés, je ne sais pas où ils sont, je n'ai pas encore leur adresse. Je vais voir mes amies de Drancy, sûrement, à ce moment-là, plusieurs fois, mais je ne peux pas dire ce que je fais, pas grand-chose.

Et puis on me propose de partir en Suisse dans des maisons qui sont en partie payées par des conférences que Geneviève Anthonioz de Gaulle a faites, et par une œuvre suisse. Je m'y déplais encore plus qu'en France. En France, la maison de mes oncle et tante était horriblement triste, pour beaucoup de raisons. D'abord, il n'y avait rien dedans, puisque les Allemands avaient tout cassé, même les glaces. Je faisais ma toilette dans un cabinet de toilettes où il y avait juste un miroir. Comme ils n'avaient pas pu l'enlever, ils avaient tiré dessus. Il n'y avait plus de meubles, il n'y avait rien. C'était une maison où ma tante se donnait du mal. Ça faisait un an qu'ils étaient rentrés de Suisse, elle avait fait ce qu'elle avait pu[1]. Ma grand-mère, qu'ils avaient prise avec eux, n'était pas très facile. On était nombreux dans cette maison qui

1. Ils portaient le deuil de leur fils, André, mort en avril 1945.

n'était pas grande. J'aidais un peu ma tante. Je ne sais plus trop ce que je faisais.

J'avais été très amie avec ma cousine. Entre-temps, elle s'était mariée, elle a eu un bébé juste à ce moment-là, une petite fille... Ma grand-mère ne s'occupait pas du tout de nous. Je crois qu'elle ne s'en rendait pas compte. Elle aimait beaucoup le mari de ma cousine, qu'elle avait connu en Suisse. Moi, je m'entendais très bien avec ma tante, qui a vécu très âgée et avec laquelle je suis restée très liée pendant longtemps. J'ai beaucoup parlé avec ma tante de ce que j'ai vécu. En même temps, mes oncle et tante ont été très généreux. Nous, on n'avait plus rien. Vraiment plus rien. On n'a rien retrouvé. Ma sœur avait dit au sujet de mes parents : « Je ne sais pas comment ils auraient vécu trois mois de plus. » Ils n'avaient plus du tout d'argent, ils avaient tout épuisé. Donc on n'avait rien.

Je me suis inscrite à Sciences po et en droit, mais avant cela, je suis partie en Suisse.

La Suisse, c'était l'horreur, vraiment. C'était à la fois moralisateur et cynique. Cynique parce que, ce qu'on leur racontait, ça ne leur suffisait pas. Il fallait qu'ils trouvent encore des choses plus horribles que ce qui nous était arrivé. Est-ce que c'est vrai que les SS faisaient mettre les femmes enceintes par des chiens ? Enfin, ce genre de trucs horribles. C'est vrai que vous avez été violée ? Combien de fois ? Ce n'était pas vrai. S'ils avaient su quelque chose, ils auraient su que ce n'était pas vrai. On est allés en Suisse dans cette maison pour nous reposer, mais ils venaient nous voir. On était comme des bêtes curieuses. Et puis, une fois ou deux, la charité, c'était de nous faire visiter Lausanne, puisque c'était à Nyon, entre Genève et Lausanne. Alors on nous a fait visiter Lausanne. Une bonne femme m'a sortie et m'a emmenée chez ses commerçants, parce que ça fait chic de sortir une ancienne déportée pour qu'on lui pose des questions, « ah, vous savez ce qu'elle a vécu ? », etc. On ne peut pas savoir ce que c'était. Il y avait une femme qui était avec nous, une ancienne déportée, qui s'appelait Odette Moreau. Elle avait été l'avocate de Gabriel Péri, puis elle avait été déportée et n'avait pas pu rentrer en France parce qu'elle était très malade. Je me souviens d'une histoire... C'était la mode des sacs rouges, cette année-là. Toutes les femmes voulaient des sacs rouges. Moi, ça m'était égal. Odette Moreau était plus âgée que moi, elle avait une très belle situation d'avocate avant d'être déportée. Et elle avait dit à l'une d'entre nous – je ne sais plus laquelle : « Je ne peux pas aller à Lausanne, je suis malade. Si vous pouvez m'en rapporter un… » ; et il y a une Suissesse qui a le culot de lui dire : « Mais vous avez déjà un sac ! »

Dans cette villa, on était là pour se reposer. On était une quinzaine, une vingtaine, il y avait des femmes résistantes, des femmes communistes, des femmes juives, un peu de tout. D'abord, on disait les grâces ou les bénédicités protestants, ce que je trouvais tout à fait mal venu. Au bout de quelque temps, on nous dit : « Maintenant vous êtes reposées – on n'y était pas pour très longtemps, pour un mois, je n'y suis même pas restée un mois –, alors vous n'allez pas rester sans rien faire. Vous allez bien devoir travailler. Vous êtes toutes des femmes qui étaient des résistantes. » Si je vous disais le nom des gens qui étaient là, c'était incroyable, toutes ces femmes qui avaient une très belle situation, qui étaient venues pour se reposer. On devait donc apprendre un métier, la dactylo, je ne sais pas quoi. Tout ça était absolument dément. Et, en même temps, quand il fallait se reposer, on nous disait : « Il faut vous reposer. » J'étais la plus jeune. On avait appris qu'il y avait un endroit où l'on dansait, on est donc sorties. On a prévenu qu'on sortait, on est rentrées à dix heures et quart, l'heure limite était dix heures. On s'est fait engueuler comme je ne sais pas quoi. On aurait pu simplement nous dire que ce n'était pas raisonnable. Ils ont dit : « Quoi ? Comment ? Après tout ce que vous avez vécu, vous pensez encore à danser ! » Non mais, c'était incroyable. Au bout de trois semaines, j'ai dit : « Je m'en vais. » Voilà. Mais ça, ce n'est tout de même pas la mentalité en France.

Étudiante à Paris

Alors je suis rentrée, et je me suis dit : « Qu'est-ce que je vais faire ? » Pour le droit, je me suis renseignée. Il y avait des sessions spéciales. On pouvait faire deux années de droit en un an. C'était assez généreusement et bien organisé ; il y avait des cours bien faits. En même temps, je suis allée m'inscrire à Sciences po puisque ça me tentait... En fait, Sciences po venait de se transformer en Institut d'études politiques. J'y suis donc allée. J'ai été d'ailleurs très bien accueillie, et on m'a dit : « Pour les femmes, les jeunes femmes, il y a un examen et l'examen est déjà passé, il était en juillet. » Tout de suite après, ils m'ont dit que cet examen, ils ne pouvaient pas l'imposer puisqu'il n'y en avait pas pour les garçons. Ce qui, maintenant, serait tout à fait illégal. J'ai demandé pourquoi et on m'a répondu : « Parce que les femmes font Sciences po pour se marier. » J'ai dit que ce n'était pas mon cas. Et pourtant, ça a été le cas ! Alors ils m'ont dispensé de passer l'examen. Ils avaient eu une assez bonne idée, ou peut-être parce que c'était constitué tardivement, ils ont fait une conférence spéciale où se sont retrouvés tous les gens avec des situations un peu particulières. Au fond, c'était assez bien parce qu'on a eu un maître de conférences[1] qui avait été lui-même un grand résistant, qui était très ouvert, qui vit aujourd'hui dans l'immeuble à Paris à côté de chez nous, et avec lequel on est toujours très amis. Et c'était assez bien parce qu'on avait tous eu des parcours... un peu difficiles. Certains étaient anciens prisonniers, anciens déportés – anciens déportés, je devais être la seule –, d'autres n'avaient pas été en France...

J'apparaissais tout de même à Sciences po comme un objet non identifié, avec l'envie de travailler. Si je sortais le soir – je sortais très peu –, c'était vraiment pour me forcer à sortir, mais c'était sans aucun plaisir, aucun goût, j'étais perdue dans ce milieu. Je me souviens d'une soirée, un peu plus tard, chez un camarade de la même conférence que mon fiancé. J'étais invitée chez lui, et j'étais tout

1. Michel de Boissieu, engagé dans la Résistance, avait épousé sans se cacher, Françoise Cahen, le jour même de la promulgation du Statut des Juifs.

d'un coup tellement perdue – il habitait boulevard Suchet –, il y avait de grands rideaux et je m'étais cachée dans ces rideaux pour ne pas avoir à parler à qui que ce soit. La vie était très difficile.

Au fond, j'ai retrouvé ma famille

Je n'aurais pas pu, à ce moment-là, épouser quelqu'un qui ne soit pas juif. Parce qu'il y avait trop de choses à comprendre, à assumer. Plus tard oui, je n'en faisais pas du tout une question de principe : je ne suis pas religieuse. Mais je crois qu'au fond, j'ai retrouvé ma famille.

Il [Antoine] était parti avec un camarade qui était juif, et que j'avais connu à travers ma sœur, la Résistante, parce qu'il y avait un lien de parenté avec quelqu'un mort en déportation. C'est assez compliqué, mais il y avait eu des liens assez forts. Denise avait été chargée de prévenir une personne par une femme qui a été tuée huit jours avant la Libération lors d'un bombardement à Mauthausen. Cette femme lui avait toujours dit : « Si tu rentres, voici la personne qu'il faut prévenir. » Par cette filière, j'avais entendu parler de son neveu[1], qui était à Sciences po aussi. C'est comme ça que j'étais entrée en contact avec lui. Et pour Mardi gras, il part faire du ski. Il était avec un copain. Il me dit : « On pourrait aller faire du ski. » J'accepte sa proposition. C'était au-dessus de Grenoble.

La famille de mon mari habitait Grenoble, mais ils étaient lorrains, de la région de Nancy, ils avaient été réfugiés pendant toute la guerre à Grenoble. Jusque-là, ils habitaient la campagne, dans un village de Lorraine, pas très loin de l'usine qui avait été créée au début du XIXe siècle par leurs ancêtres[2]. Mon fiancé m'a dit : « On va arriver le soir, on n'aura qu'à coucher chez mes parents et on partira faire du ski le lendemain. » J'ai cru tomber dans ma famille. C'était la même atmosphère. On jouait à des petits jeux, des jeux de cartes, c'était très simple. Ils m'ont accueillie très gentiment. C'étaient des gens qui avaient une vie beaucoup plus facile que celle de mes parents, des industriels

1. Michel Goldet, neveu de Jacques Heilbronn, condisciple de Simone Jacob à Sciences po.

2. Antoine Veil est né le 26 août 1926 à Blamont (Meurthe-et-Moselle), où sa famille possédait une usine textile, les Établissements Bechmann. Réfugié à Grenoble, Antoine Veil a rejoint l'armée de libération et est entré à Sciences po à l'automne 45.

qui avaient une grosse affaire, une cotonnière en Lorraine, une affaire de famille. Mon beau-père, ensuite, est rentré très vite en Lorraine.

On est rentrés quasiment fiancés de ce voyage. C'était un tout. On s'est mariés au fond assez vite, au mois d'octobre après. Puis on a eu des enfants assez vite. Et on est toujours mariés, ça va faire soixante ans dans quelques mois[1]. C'est pas mal... *(Elle sourit.)*

Mes beaux-parents ont été ce qu'ils paraissaient être[2]. Ils vivaient de façon beaucoup plus aisée, mais c'étaient les mêmes choses qui comptaient, les mêmes valeurs. C'était un environnement laïc, peut-être un peu plus religieux dans leur famille. Mais enfin ça s'est perdu complètement à cette génération. Mon mari avait encore sa grand-mère maternelle qui était extraordinaire, je l'ai adorée. Elle m'a gâtée beaucoup, elle avait beaucoup de petites-filles, mais je suis devenue la petite-fille privilégiée. C'étaient des gens très bien, vraiment. J'ai été complètement intégrée dans cette famille, plus que ça...

1. Simone Jacob et Antoine Veil se sont mariés le 26 octobre 1946 à Paris. Jean est né en 1947, Claude-Nicolas en 1948, et Pierre-François en 1954.

2. André Veil (1886-1966) et Alice née Léon (1898-1985).

La musique comptait beaucoup. Mon beau-père composait, certains de ses morceaux ont été joués dans des concerts. Ils étaient moins littéraires que mon père, mais tous très musiciens. Mon mari aime beaucoup la musique, il continue à jouer du piano, beaucoup.

Je m'entends aussi très bien avec mes belles-sœurs. Une d'elles a été déportée. En réalité, toute la famille était au col de Porte, là où justement, nous étions allés faire du ski. Et ils étaient cachés là, dans une maison, chez des gens. Ils ont dû être dénoncés. La Gestapo est venue un jour les arrêter, arrêter toute la famille, en 1944, début 44, je crois. Ma belle-sœur[1] était avec sa petite sœur et elle a eu la présence d'esprit de faire partir la petite, de lui dire : « Va-t'en. Cours. Va dire aux parents de ne pas revenir. » Elle a été la seule arrêtée et déportée. Elle se souvenait qu'à un moment, on avait dit que des gens étaient arrivés de Dora, des femmes. Moi, je ne me souviens pas d'elle au camp. Elle ne parle jamais du camp, elle n'aime pas en parler. Ses parents ne supportaient pas. Ça, on ne parlait pas du camp. Quand on en parlait toutes les deux, au début, on a vu que ça déplaisait à tout le monde. Mais si nous déjeunons ensemble

1. Marie-Hélène Veil.

– ce qu'on fait de temps en temps –, on ne parlera que du camp. Elle connaît très bien Marceline ; elle a de très bonnes amies anciennes déportées. Mais j'ai su par mes fils, qui parlent avec leurs cousins, qu'elle n'en a jamais parlé à ses enfants.

Tout de même, le silence, l'incompréhension qui nous ont été imposés, c'était trop lourd. Je pense que pour nos familles, c'était trop difficile à entendre. Probablement aussi qu'on en parlait avec une telle brutalité sans s'en rendre compte, je ne sais pas… Et quant aux autres, je crois qu'il y a un livre d'un journaliste, il s'appelle Birnbaum[1], je crois, qui dit que le silence a été organisé et voulu pour la réconciliation. Il dit que c'est encore plus vrai pour les Juifs, mais aussi pour les Résistants. Même si j'ai senti une différence de traitement entre ma sœur Denise qui avait été arrêtée comme résistante et Madeleine et moi.

---

1. Jean Birnbaum, *Leur jeunesse et la nôtre. L'espérance révolutionnaire au fil des générations*, Seuil, 2005.

On n'a pas le droit d'oublier

Contrairement à beaucoup d'anciens déportés, je ne redoute pas le révisionnisme. Il y a très longtemps, en 1975, j'ai prononcé un discours, un des premiers que j'ai prononcés, au Congrès juif mondial aux États-Unis. C'était Nahum Goldmann qui m'avait invitée. J'ai dit que les révisionnistes ne me faisaient pas peur du tout parce que je pensais qu'il y avait suffisamment d'historiens et de preuves pour qu'on sache. Ou alors on est totalement de mauvaise foi comme on l'est actuellement dans certains pays, où l'on fait croire aux gens certaines choses tout en sachant très bien que ce n'est pas vrai… Le Pen sait bien qu'il y a eu des camps de concentration et qu'il y a eu des chambres à gaz. Alors ils peuvent tenter de jeter un doute sur le nombre de morts ou sur les conditions, mais ce n'est pas vrai. Et plus ça ira, plus les travaux sont importants qui démontreront que ce n'est pas vrai.

Ce que j'ai toujours craint, et qui est en train d'arriver, c'est la banalisation. Au moment de Sabra et Chatila[1], on a fait la comparaison… Ou avec la Bosnie, on a fait la comparaison, et c'est ça qui est grave, c'est beaucoup plus pernicieux, parce que, en réalité, quand les gens comparent, c'est justement pour que ce soit comparé, et pour faire en sorte que ça n'existe pas. Et j'ai toujours eu peur de ça. Je peux lire mes plus anciens discours, ça a toujours été ma crainte.

J'ai dialogué avec une jeune femme tutsie[2]. Le Rwanda, c'est un vrai génocide, épouvantable. Mais, l'une comme l'autre, nous sentions la nécessité de faire la différence entre les contextes. Je trouve par exemple qu'il est extrêmement difficile pour eux, au Rwanda, de parvenir à se réconcilier – tous les tribunaux internationaux mis en place ont échoué. Parce qu'ils doivent se réconcilier entre eux, non pas avec une force politique qui a disparu et qui était lointaine. Qui a tué leur père ou leur mère ? C'est celui qu'ils ont en face d'eux. C'est

1. Du 16 au 18 septembre 1982 des réfugiés palestiniens ont été massacrés par des milices chrétiennes dans la banlieue de Beyrouth.

2. *SurVivantes : Rwanda – Histoire d'un génocide suivi de Entretien croisé entre Simone Veil et Esther Mujawayo*, L'Aube, 2005.

terrible. Les massacres se sont passés dans des conditions horribles aussi, mais le phénomène n'est pas le même. Ainsi pour le Cambodge : le phénomène n'est pas le même ; le propos politique n'est pas le même. Je me sens de cœur complètement avec cette femme tutsie. Mais quand, comme l'autre jour, on me parle de regroupements d'enfants dans les camps en Bosnie – ce n'était pas Srebenica – et qu'on me dit que ça évoque les ghettos, je réponds : « Mais vous plaisantez ! Vous plaisantez ! »

Cette année, j'ai eu beaucoup l'occasion de parler des camps. Je trouve que c'est très facile d'en parler devant les jeunes d'aujourd'hui. D'abord, ils savent beaucoup plus de choses qu'il y a vingt ans, ils sont beaucoup plus ouverts. Ces jeunes ont été formés par leurs professeurs. Beaucoup d'entre eux font un très bon travail, ils font ça très intelligemment. Je travaille avec un professeur de banlieue, d'une banlieue difficile[1]. L'année dernière, elle a emmené ses élèves à Auschwitz, et cette année elle les a emmenés au Maroc pour aider les femmes qui

1. Samia Essabaa, professeur au lycée Théodore-Monod de Noisy-le-Sec (Seine-Saint-Denis) a organisé un premier voyage scolaire à Auschwitz en 2005.

mènent des vies très difficiles. Je les suis et j'ai promis, cette année, de rendre compte de leurs travaux. Ce qu'elle veut, c'est transmettre certaines valeurs à ses élèves.

J'en parle à mes enfants, à l'occasion. Un peu plus avec mes petits-enfants. Les enfants, on vit avec eux, alors on en parle quand il y a une occasion. Un de mes fils, je ne dirais pas qu'il est plus concerné, je dirais simplement qu'il parle des choses plus facilement, et qu'il est beaucoup plus juif que l'autre. Parce qu'il a épousé une femme juive qui a eu des gens déportés dans sa famille, donc c'est différent. Mais les deux ont voulu venir et sont venus à Auschwitz, leurs enfants aussi.

Maintenant, je déjeune de temps en temps avec mes petits-enfants pour leur en parler ; ils souhaitent que je leur en parle. Je vois l'un de mes fils lire beaucoup de livres sur la déportation, beaucoup. En plus, celui-là travaille régulièrement avec des Israéliens, il est très proche d'Israël, il a passé un an dans un kibboutz. Les deux sont très sensibles.

Celui qui était médecin, c'est le contraire, il ne supportait pas. Quand nous sommes allés à Auschwitz, il n'était plus là [1], mais il m'avait dit :

1. Claude-Nicolas Veil est mort en 2002, terrassé par une crise cardiaque.

« Je n'irai jamais, je ne peux pas le supporter. » Et ma sœur, qui a été déportée à Ravensbrück, n'y est jamais retournée. L'idée même d'aller à Auschwitz lui fait horreur. Mais elle s'est beaucoup occupée de l'amicale de Ravensbrück. Et quand nous nous voyons le dimanche matin, nous parlons toujours de ça, sous un angle ou un autre.

Aujourd'hui, je suis encore plus en colère parce que, justement, cette banalisation, cette confusion m'inquiète beaucoup. Parce que c'est une vraie confusion, et une confusion voulue, même par les Juifs. Qu'est-ce que c'est que ces voyages au Rwanda, au Mozambique et autre, en disant : « Il faut montrer notre compassion... » ? Si l'on veut se réconcilier avec des gens, les aider, etc., la première chose à faire – je dis ça en tant que présidente de la Fondation [1] parce qu'on nous demande de l'argent pour ces voyages –, je ne vois pas le sens de ces voyages. De toute façon, en France, ce n'est pas là que le problème se pose.

Le Rwanda, une fois pour toutes, quand on met les choses face à face, nous savons les uns et les autres la différence. Je crois que ça amène à beaucoup de confusion, parce que c'est un vrai génocide, le Rwanda, mais complexe. C'est une façon,

1. Fondation pour la Mémoire de la Shoah.

je ne sais pas, je le sens très mal... Chacun de ces drames a sa spécificité. Ils ne ressortent pas de la même, je dirais, essence, intellectuelle, culturelle ou autre. Mais amener des bébés de toute l'Europe pour les tuer, c'est quand même particulier. *(Elle marque une pause.)* Toutes les guerres ont eu des conflits, des horreurs. D'un côté, ce sont des gens qui se connaissaient, qui avaient des choses qui les confrontaient, de l'autre pas. Et ça m'énerve de ne pas pouvoir faire comprendre ça aux gens. Je reste trop meurtrie. Ce n'est pas par rapport à ma famille, mais par rapport à ce que j'ai vu, par rapport à ces Hongrois[1] qui sont arrivés dans des trains... Je ne peux pas...

Ce n'est pas une question de pardon, parce que de toute façon, les Allemands qui sont là maintenant n'y sont pour rien. Mais nous devons rappeler le fait. J'ai longtemps dit, et je le dis encore : sur mon lit de mort, je crois que c'est à ça que je penserai, pas à mes parents. Au fait lui-même. Aux bébés. Un million et demi d'enfants, comme ça.

---

1. En mai 1944, les déportations depuis la Hongrie vers Auschwitz ont commencé. En l'espace de huit semaines seulement, près de 424 000 Juifs hongrois ont été déportés à Auschwitz-Birkenau. Simone Jacob a assisté à leur arrivée au camp.

Et quand je vois mes petits-enfants, je pense à ça. Je ne le leur dis jamais, naturellement... *(Elle marque une longue pause, très émue.)*

Je ne souhaite jamais de mal aux autres, mais on n'a pas le droit d'oublier. On leur doit ça, à ceux qui sont morts. Enfin, moi, je ne peux pas, et puis c'est tout. Quand je vois les photos, que ce soit au musée de Washington ou à l'exposition organisée par Klarsfeld, quand je vois tous ces enfants[1], j'ai envie de pleurer.

1. En janvier 2005, Serge Klarsfeld a réalisé une exposition « 1942-1944, 11 400 enfants juifs déportés de France à Auschwitz ». On peut la voir au Camp des Milles (Bouche-du-Rhône).

Faire tomber le mur du silence

Peut-être que, pour moi, ce qu'il est important de dire et de redire, c'est combien, lorsque nous étions au camp, pour chacune d'entre nous, il était important d'espérer, de penser que certaines rentreraient et parleraient, et témoigneraient. On parle souvent du devoir de mémoire ; c'est une expression que je n'aime pas beaucoup. C'est un besoin, la mémoire. Mais en ce qui nous concerne, c'est un devoir de transmission que nous avons, parce que nous l'avons promis. Toujours, nous nous disions : il faut qu'on sache, il faut qu'on sache comment ça s'est passé, il faut qu'on sache tout. Même dans la plus grande misère, nous avions cette détresse – je dirais surtout cette angoisse permanente, pendant les sélections notamment. Je pense au moment, par exemple, où, avant l'arrivée de l'Armée rouge, le camp d'Auschwitz, le camp de Birkenau, tout cet espace très important où il y avait tellement de grands camps et de petits commandos, on avait tous le sentiment qu'on risquait d'être exterminés. Comme beaucoup sont morts sur les routes ou dans les trains ensuite, il fallait qu'il y en ait qui rentrent et qui racontent. C'était devenu une priorité. Et c'est pour ça qu'aujourd'hui – et je crois que tous ceux qui ont témoigné ont dû l'exprimer aussi –, pour nous, c'est tellement important de le dire. En même temps, je comprends très bien que certains n'aient pas pu parler parce que c'est trop douloureux, trop difficile. Je crois aussi que certains n'en ont pas parlé du tout à leur famille, parce que c'est… pour nos familles, c'est quelquefois insupportable. Quand ils rencontrent d'autres camarades de déportation, à ce moment-là ils parlent. Vous avez eu des témoins comme ça, qui ne s'étaient jamais exprimés à l'extérieur et qui ont senti qu'ils avaient peut-être trop attendu mais qu'il était toujours temps de le faire, pour lesquels ça a été, sans doute pas un soulagement, mais quelque chose d'important.

Quand je suis rentrée avec ma sœur aînée qui était toujours restée avec moi – et on a retrouvé ma sœur qui avait, elle, été déportée à Ravensbrück –, entre nous, on en a parlé, enfin naturellement avec ma sœur aînée on en a énormément parlé, chaque fois que nous nous voyions. On a toujours été très très liées. Mais ça nous a liées bien sûr encore davantage. J'ai beaucoup vu aussi des camarades de déportation, dont certains ont témoigné, comme Paul Schaffer. Je crois qu'on avait vraiment grand besoin d'en parler, mais on s'est heurtés à un mur de silence. Je pense que pour nos proches, c'était trop douloureux de nous écouter, de nous entendre, c'était terrible. Certains, même, se sentaient, à tort bien sûr, presque culpabilisés par le seul fait de ne pas avoir été arrêtés, de ne pas avoir été déportés. Comment est-ce qu'eux l'ont été et pourquoi pas nous ? En ce qui concerne le grand public, il y avait sûrement une culpabilisation collective. Enfin, politiquement, il y avait cette volonté de réconciliation ; donc ce n'était pas la peine d'en parler parce que c'était un passé et qu'il fallait, désormais, l'oublier, revivre ensemble, comme si rien ne s'était passé. C'est très frappant de voir dans les grands procès, le procès Pétain, le procès de Laval, il a été très, très peu question de l'arrestation des Juifs.

Quand on a donné la parole juste après la guerre, c'était pour honorer les résistants. Je le comprends très bien, parce que les résistants qui ont été déportés ont pris des risques considérables.

Un certain nombre d'ailleurs ont été déportés, puis fusillés, ont été longtemps en prison, torturés. Dans certains cas, plusieurs personnes de la même famille étaient impliquées, et même quand la famille n'avait pas été impliquée directement, ses membres ont été arrêtés et déportés aussi. J'ai toujours dit que les résistants étaient des héros, parce qu'ils savaient très bien ce qu'ils risquaient. Ils avaient plus d'informations que nous. Ils voyaient des camarades arrêtés et fusillés. Au fond, nous avons été des victimes et eux des héros. On n'a pas du tout cherché à se substituer ni à avoir le même accueil qu'eux, la même reconnaissance.

Mais il y a eu parfois – je dirais psychologiquement – des antagonismes. Même si nous ne prétendions pas du tout à quoi que ce soit, nous nous sommes sentis rejetés comme si nous étions des coupables. Nous étions des victimes, mais pas coupables. Et surtout, ils n'ont pas toujours reconnu que c'était une déportation très différente, d'abord parce que les gens étaient arrêtés avec des bébés, qui avaient parfois deux, trois semaines ou quelques mois, que les gens qui arrivaient à Auschwitz ou, pire encore, à Maïdanek, ou à Treblinka étaient exterminés systématiquement. Les jeunes allaient directement à la chambre à gaz. Donc, il y a eu parfois une tendance à des comparaisons – je dirais des comparaisons de situation concrètes, matérielles – qui n'avaient pas lieu d'être. Je dirais que c'est différent. J'ai toujours admiré les déportés résistants, je leur ai rendu hommage, reconnu ce qu'ils ont fait pour nous parce que la Résistance travaillait contre les nazis, et ce qu'ils ont fait en France était si important. Mais on a pu ressentir cette absence de compréhension – je crois que je l'ai évoquée – même à Auschwitz quand on rencontrait les résistants.

Pour un certain nombre de Juifs, il était même exclu de pouvoir être résistants. S'ils avaient un fort accent étranger, s'ils avaient une famille qui se trouvait dans une situation aussi très difficile, l'accès même à des réseaux de résistance n'était pas simple. Et ce fait – il y a eu d'ailleurs beaucoup de Juifs dans la Résistance, surtout parmi les jeunes – constituait un facteur de risque supplémentaire.

Quand j'emploie le mot victime, c'est un mot très générique, très global. Je ne vois pas comment caractériser autrement cette situation. Sauf à entrer dans une espèce de sémantique qui est celle qu'utilisaient les nazis eux-mêmes : les gens qu'il faut exterminer parce qu'ils sont... Non, je ne vois pas d'autres mots.

Retourner sur les lieux

La première fois que je suis retournée en Pologne, c'était pour le quinzième anniversaire d'Auschwitz, organisé par les Russes. C'était encore dans une Pologne sous hégémonie soviétique, une Pologne très communiste. Il y avait une grande manifestation pour le quinzième anniversaire de la libération du camp par l'Armée rouge. Je travaillais au ministère de la Justice, et les autorités polonaises avaient invité Edmond Michelet, qui était garde des Sceaux, compagnon de la Libération et ancien déporté, puisqu'il avait été interné à Dachau. Comme il ne pouvait pas y aller, on lui a appris que j'étais magistrat au ministère, et il m'a demandé de le représenter. Alors j'y suis allée en même temps que le sénateur Jacques Baumel, invité comme compagnon de la Libération, et un député qui était aussi compagnon de la Libération. Nous étions tous les trois. C'était évidemment tout à fait différent des autres fois où j'y suis allée parce que c'était un voyage très officiel. Je ne sais même pas si j'ai pu aller à Birkenau. Mais enfin, c'était le retour quand même, là-bas. Et puis j'y suis retournée à différentes reprises, parce que, à un moment, il y avait un conseiller culturel à Cracovie, un Français qui organisait pas mal de colloques. Alors, se rendre à Cracovie, c'était l'occasion, en même temps, d'aller à Auschwitz. Et j'y ai emmené mes petits-enfants. Notamment, je me souviens d'un des déplacements que j'ai faits, très émouvant, il y a quelques années, au crématoire qui a été détruit : il y a des grandes dalles dans chacune des langues de ceux qui ont été déportés à Auschwitz, et il n'y en avait pas en judéo-hispanique. Ils se sont cotisés entre eux – j'y avais d'ailleurs participé même si je n'étais pas directement concernée. Et quand on a posé cette dalle, j'étais là[1]. Il y avait même – c'était tout à fait extraordinaire – des gens qui étaient venus des États-Unis, des Séfarades qui parlent encore aussi ladino. Il y avait une traduction, mais tout a été fait en ladino. Certains ne se connaissaient pas du tout. Les familles, probablement, étaient parties depuis très longtemps aux États-Unis, ou à Istanbul, certaines venaient de Turquie, d'autres

1. La dalle a été inaugurée en 2003.

venaient de France, de Grèce… Ils portaient très souvent les mêmes noms, se disaient qu'ils devaient être cousins et remontaient à l'époque où ils avaient été chassés d'Espagne. C'était un moment très émouvant, très extraordinaire.

Je suis retournée une première fois à Bergen-Belsen quand j'étais présidente du Parlement européen[1]. Ce qui m'a donné d'ailleurs la possibilité, l'occasion de parler des Tsiganes, puisque je m'étais trouvée, à un moment dans une espèce de baraque innommable avec des Tsiganes. Nous étions allées de Gleiwitz à Bergen-Belsen dans le même wagon. Je savais bien quel avait été le sort des Tsiganes, qui, jusque-là, n'avait pratiquement pas été reconnu par les Allemands – ça n'existait pas. Je suis restée d'ailleurs en relation avec les Tsiganes. Malheureusement, si la Fondation souhaite pouvoir s'occuper davantage d'eux, et c'est dans notre vocation, inscrit dans nos statuts, c'est très difficile parce que beaucoup ne sont pas sédentaires. On entretient une relation un moment, puis ensuite on les perd de vue, puis ils reviennent.

1. Le 27 octobre 1979. On estime aujourd'hui qu'au moins 500 000 Sintis et Roms ont été tués.

Je me souviens très bien des Tsiganes parce qu'à un moment, je travaillais à des terrassements et on longeait leur camp. On voyait qu'ils étaient en famille, ils ne travaillaient pas ou peu. On les enviait plutôt. Ils avaient l'air de vivre plus normalement. Et au mois de juillet 1944, j'ai quitté un petit commando qui se trouvait à côté, à quelques kilomètres. Un matin, dans la journée même, on a appris – c'était début août, le 2, je crois – que dans la nuit, ils avaient tous été embarqués dans les camions et gazés. Ils ont connu le même sort.

Commémorer

En ce qui concerne les commémorations, il y a eu une très grande différence entre le 50e anniversaire de la libération du camp – puisque nous étions partis, nous n'avons pas été libérés d'Auschwitz, très peu avaient pu rester – et le 60e anniversaire. Alors, c'est lié, pour partie, à, je dirais la volonté des politiques, de la Pologne, qui a été très différente.

Pour le 50e anniversaire, je crois que Wałęsa a voulu que soit commémorée la déportation polonaise des politiques. C'est vrai qu'il y a eu, on l'oublie parfois, beaucoup de résistants polonais déportés à Auschwitz. La mortalité n'a pas été la même, parce qu'ils n'ont en général pas été exterminés systématiquement, mais ils ont souvent été déportés tôt. Mais je dirais que, même si leurs conditions de détention comme déportés ont été très dures, elles ne sont pas comparables à celles des Juifs.

Ce 50e anniversaire a donné un peu lieu à des polémiques, justement, entre les différentes nationalités, sur la place qu'avaient les Polonais non juifs, alors qu'il y a eu tellement de Juifs polonais tués à Auschwitz, et d'une façon générale la déportation juive. Au contraire, le 60e anniversaire a été, par la volonté politique des Polonais, du gouvernement polonais, du Président, du Premier ministre, de – je dirais – l'orienter notamment sur les Juifs[1]. De faire une place importante à la déportation juive et d'en faire, surtout, une commémoration internationale. Quarante chefs d'État – je crois – étaient présents, ou représentés, ainsi que toutes les religions représentées, dont les représentants ont pris la parole. L'événement était donc le plus œcuménique possible, au bon sens du terme. Ce fut un moment de communication très fort, très émouvant. En raison de la présence de nombreux hauts responsables, des chefs d'État, des rois, des reines, il y avait un service d'ordre très important, pour des raisons de sécurité. En outre, il faisait très froid, et quand les gens descendaient des cars, ils

1. Le 27 janvier 2005.

cherchaient à s'abriter et il y avait des longues marches à faire. En conséquence, lors de cette manifestation, les gens qui étaient venus pour commémorer sont quelquefois restés dans les cars sans même descendre ou en restant très éloignés de la commémoration, qui était très émouvante.

Mais je crois que c'était important. C'était une rencontre, au vrai sens du terme, un retour vers le passé, qui voulait que le message soit entendu. Et je crois que le fait que toutes les télévisions du monde l'ont repris a été aussi très important.

En plus, je pense qu'entre le 50e et le 60e anniversaire, un autre élément a joué : on est maintenant dans la troisième et même la quatrième génération. Je crois que c'est plus facile que pour la première génération, celle qui est venue après ceux qui ont été déportés, et pour laquelle c'est très lourd à porter, très difficile. Ou ils sont trop sensibles parce que ça les touche directement, ou ils se sentent concernés, mais ils culpabilisent. Tandis que, avec une certaine distance, je ne dirais pas qu'on n'est pas sensible, mais on peut regarder avec moins d'émotion. Pour beaucoup de gens, quand leurs proches ont été des enfants cachés, par exemple, c'est tellement douloureux, tellement difficile pour eux d'en parler. Alors que là, les choses se placent dans l'Histoire, dans un paysage, qui reste très mobilisé mais plus apaisé, mais aussi mieux informé et plus tolérant.

Le témoin et l'historien

Je dis plus tolérant, parce que, pour ma part, je suis restée pendant très longtemps très meurtrie, très amère de l'attitude de certains historiens, dont des historiens juifs d'ailleurs, qui récusaient nos témoignages. Quand se tenait un colloque – je me souviens notamment d'un très grand colloque d'historiens, organisé par Mme Ahrweiler, chancelière de l'université de Paris, qui avait voulu, après l'histoire Faurisson[1], réunir un colloque contre le négationnisme[2]. Elle avait trouvé un historien – je ne dirai pas son nom – pour l'organiser. Elle m'en avait beaucoup parlé et souhaitait que j'apporte

1. À la fin de l'année 1978 éclate l'affaire Faurisson. Un enseignant de l'université, Robert Faurisson, proclame que les chambres à gaz n'ont pas existé. Et que le génocide des Juifs n'est qu'un mythe.

2. Le colloque se tient à la Sorbonne en 1987.

mon témoignage. Mais l'historien en question n'a jamais voulu que je témoigne. En tant que recteur de l'université, elle m'a imposée. Mais lorsque sont parus les actes du colloque – j'avais écrit un discours, un discours important pour moi –, cet historien a décrété : « Ah non, pas dans les actes du colloque, parce que les témoins, non, c'est pas… » Il était convaincu que les témoins n'avaient rien à dire, que leur parole était toujours biaisée.

L'Histoire est faite par les archives. Mais les archives, c'est ce qu'ont raconté les témoins. On avait le sentiment que toutes les archives allemandes – qui étaient, dans un certain nombre de cas, assez truquées, assez tronquées, etc. – étaient plus importantes que ce que nous avions à dire. Or on sait la diversité de ce qui s'est passé dans les différents commandos, la diversité même du sort de chacun, qui a tenu parfois à très peu de choses. J'apprends encore des choses par des camarades et je suis stupéfaite. Il y a eu des petits commandos un peu privilégiés. On ne sait pas pourquoi, il y avait une petite usine ou un lieu particulier. J'ai lu récemment un récit écrit par quelqu'un qui dit lui-même que sa déportation, alors qu'il était tout près d'Auschwitz, a été supportable. On ne peut pas dire que c'était le paradis, mais, enfin, c'était supportable, et des gens, dans l'ensemble, ont survécu.

Dans d'autres récits, au contraire, ce qu'on lit est tellement abominable que, si on ne savait pas que tout a été possible, on aurait du mal à le croire.

Donc c'est une diversité extraordinaire, et pour cette raison, nous avons insisté, à la Fondation pour la Mémoire de la Shoah – en dehors de ces témoignages que vous recueillez –, pour que les gens écrivent aussi, parce que c'est une forme différente de transmission. On a une maison d'édition qui édite ces témoignages[1], et qui montre que des gens arrivés dans le même convoi, du même âge, peuvent avoir eu, selon le commando où ils sont partis, des sorts totalement différents. Certains étaient affectés au « Canada », l'endroit où l'on triait les vêtements, où l'on se débrouillait, où il ne faisait pas froid, où l'on ne travaillait pas dehors. Leurs destins étaient très différents de ceux qui faisaient du terrassement. Et, le plus souvent, c'était par pur hasard qu'on se retrouvait dans telle ou telle situation. Tout ce qu'on apprend est intéressant par ces témoignages. Parce qu'ils montrent, dans la majorité des cas – c'est l'exception, ces

1. La collection, « Témoignages », publiée par les Éditions du Manuscrit, réunit les récits des victimes des persécutions, anciens déportés ou internés, enfants cachés, et résistants juifs.

petits camps privilégiés dont j'ai parlé –, qu'il y avait une volonté de tuer, de détruire, de nuire, d'humilier surtout, qui était très forte.

« Vous-même, vous avez tué »

Quand j'ai présenté à l'Assemblée nationale le texte qui tendait à autoriser, avec un certain nombre de conditions très précises, l'avortement, j'ai été interpellée non pas sur mon passé, parce que le député en cause a toujours prétendu qu'il ne savait pas, et que, sinon, il n'aurait jamais fait cette référence, mais il a dit : « Ce que vous faites, c'est comme ces bébés qu'on a jetés dans les crématoires, c'est ce que vous faites avec ces fœtus[1]. » Aujourd'hui je reçois du courrier qui m'interpelle en tant que telle et qui me dit : « Vous-même, vous avez tué. » L'année dernière, du fait que j'étais à Auschwitz et que j'y ai pris la parole, un certain nombre de gens m'ont écrit en me disant : « Voilà, vous nous faites pleurer sur la situation des Juifs,

1. Jean-Marie Daillet, député UDF de Saint-Lô (Manche).

mais vous, vous avez tué autant d'enfants avec votre loi. » Et quand ce député a évoqué, justement, la situation de l'extermination des enfants juifs, il y a eu un tel tollé dans l'Assemblée qu'il est venu s'excuser, il avait l'air très embarrassé. Je m'attendais tellement peu à ça que ce fut un choc, même si j'avais, justement dans cette période, reçu beaucoup de courrier. Et je pense d'ailleurs que lui-même avait dû recevoir ce courrier abominable qui faisait la comparaison avec Auschwitz et l'extermination et tous les camps. Peut-être que certains qui hésitaient à voter ou ne pas voter le texte, qui se posaient des questions, ont été plutôt incités par cette histoire à voter le texte qu'à le rejeter.

La Fondation pour la Mémoire de la Shoah

Les années qui passent n'apaisent pas la douleur. À travers mon travail à la Fondation [1], je suis tout le temps plongée là-dedans. Ça me prend beaucoup de temps. J'ai beaucoup l'occasion d'en parler, de témoigner, d'expliquer à des jeunes, de prendre la parole dans des grands colloques, ou de voyager – cette année je suis allée aux Pays-Bas et en Grèce. D'ailleurs, on sent que dans des pays où il n'y a presque plus de Juifs, c'est difficile d'en

1. La Fondation pour la Mémoire de la Shoah a été créée en 2000. Sa dotation provient de la restitution des fonds en déshérence issus de la spoliation des Juifs de France. Elle soutient le Mémorial et d'autres lieux de mémoire, des recherches historiques et des projets pédagogiques. Elle vient en aide aux survivants en difficulté, s'attache à transmettre l'héritage de la culture juive et à lutter contre l'antisémitisme.

parler parce qu'on en parle à côté. On se sent de plus en plus responsable d'avoir à en parler, pour qu'on n'oublie pas et que ça serve de leçon.

Je dis « que ça serve de leçon », alors que je n'aime pas les comparaisons, les amalgames. J'ai toujours été assez hostile à ça. Mais quand on disait « plus jamais ça », c'était bien sûr « plus jamais les Juifs exterminés », mais c'était aussi dire « des massacres, des génocides qui sont liés à l'identité de quelqu'un ». Une guerre, c'est une chose, mais un génocide implique d'exterminer toute une population parce qu'ils sont les Juifs, ou parce qu'ils sont catholiques ou protestants, comme ça a été le cas pendant les guerres de Religion dans certains pays ou certaines régions. Ou ça peut être ce qui s'est passé au Cambodge, parce que les gens appartenaient à une classe sociale qu'on voulait exterminer avec, aussi, une quantité de victimes considérables. Tout en faisant la distinction entre les raisons qui ont conduit à ces génocides, il était important de se dire que c'était aussi notre responsabilité de mettre en garde pour que ça ne se reproduise pas. Je dois dire qu'on n'a pas beaucoup de succès. Il y a le Cambodge dont je parlais, et le Rwanda, même si le contexte est très différent, est aussi un génocide épouvantable. Donc les hommes entre eux restent vraiment capables de haine profonde pour des raisons diverses. Je crois que c'est ça qu'il faut essayer de bannir : faire en sorte qu'il y ait un respect de la vie humaine et une tolérance vis-à-vis des autres, aussi bien en ce qui concerne leur religion, leurs idées politiques, leurs différences de nationalités. Il nous reste beaucoup de chemin à faire.

Je ne veux pas paraître trop pessimiste. Je pense qu'il y a tout de même un certain nombre de choses qui vont dans le bon sens, la démocratie et la liberté ont progressé sur la planète, on assiste à une amélioration de la situation matérielle des populations, une croissance pas égale dans tous les pays, bien sûr, mais une croissance du PNB en Afrique. Je pense aussi à la manière dont s'est conclu l'Apartheid. Quand j'étais au Parlement européen, on ne voyait pas comment on pourrait sortir de cette situation. La manière dont Mandela et le président du parti national sont parvenus à faire la paix sans massacre prouve qu'il est possible, parfois, de s'entendre.

Il reste beaucoup de combats à mener. Et, pour mener ces combats, ce sont les exemples les plus terribles du passé qu'il faut garder en mémoire. Lors de sa création, la Fondation pour la Mémoire de la Shoah avait besoin d'être présidée par un ancien déporté, c'était un peu une condition nécessaire. Sa création relève de la volonté du président de la République de l'époque, Jacques Chirac – c'était la cohabitation –, et de celle du Premier ministre, Lionel Jospin. Au fond, ils ont tous collaboré à la mise en place, d'abord de la mission Mattéoli, qui a pu reconstituer les conditions dans lesquelles les Juifs avaient été spoliés, évaluer les dédommagements et faire en sorte que cette somme d'argent soit bien utilisée. Elle a servi à la création de cette fondation. Pour la diriger, il fallait quelqu'un qui ait l'habitude de travailler avec les pouvoirs publics qui sont très présents – beaucoup de ministères nous apportent d'ailleurs un très grand soutien, notamment la représentation du ministère de l'Éducation nationale, très utile pour remplir nos missions de pédagogie, de transmission. Je me trouvais un petit peu remplir ces différentes conditions.

Un pays où ils auraient une patrie

La création d'Israël a été très importante parce que j'avais pris conscience au camp, à Birkenau, avec mes camarades polonaises ou slovaques, parfois françaises : pour elles, pour les Polonaises par exemple, il n'était pas question de rentrer en Pologne. Quand elles parlaient du pays où elles souhaitaient se rendre – Israël n'existait pas alors –, elles parlaient de la Palestine. D'ailleurs on sait qu'entre les deux guerres, un certain nombre de Polonais – plus rarement des Allemands parce que beaucoup n'avaient pas pu partir – étaient partis en Palestine. Ils n'y étaient pas toujours restés parce que la vie était très dure et qu'ils ne pouvaient pas y emmener des jeunes enfants. Mais beaucoup étaient restés, certains avaient de la famille en Palestine ou encore aux États-Unis, certaines familles avaient des parents qui y avaient émigré. Comme au lendemain de la guerre ils n'ont pas eu l'autorisation de partir là-bas, certains sont partis en fraude. Ils avaient des filières organisées.

Alors pour moi, la Palestine – puisqu'on ne parlait pas encore d'Israël –, c'était le lieu où mes camarades polonaises pourraient vivre. Quelques-unes sont venues en France, mais d'abord c'était très difficile – on ne passait pas tellement facilement les frontières à ce moment-là –, et ce n'était pas leur souhait. D'autres sont parties clandestinement assez rapidement.

Ensuite il y a eu le processus, la décision des Nations unies, la guerre tout de suite, malheureusement. J'avais été à un moment dans un camp où il y avait des hommes et certains d'entre eux étaient partis très vite en Palestine. Ils se sont engagés dès qu'ils sont arrivés là-bas et ont participé aux premiers combats. Mais c'était très important qu'il y ait, justement, un lieu qui ne soit plus simplement soumis à la tutelle britannique et qui devienne vraiment Israël, un pays où ils auraient une patrie. J'ai d'ailleurs revu, à plusieurs reprises, quand je suis allée en Israël, quelques-unes de mes camarades qui étaient parties là-bas très rapidement.

Le courage des Français moyens

L'honneur de la France a été sauvé par le général de Gaulle. Mais, en France, le premier choc, c'est la défaite. Cette défaite est l'aboutissement d'une grande faiblesse, celle de laisser les Allemands réarmer, de ne pas voir ce qui se passait, la faiblesse de démocraties incapables de se défendre et le résultat d'une certaine lâcheté. Dès 1933, un certain nombre de gens – je pense à Raymond Aron – avaient été très lucides, et les réfugiés allemands et autrichiens racontaient beaucoup de choses sur ce qui se passait en Allemagne, dont le réarmement, cette capacité et cette volonté allemandes de dominer, d'hégémonisme.

Quant à la défaite et au rôle qu'ont joué les gouvernements français, même si c'était un gouvernement de l'État français et que Jacques Chirac, le premier, a assumé cette responsabilité, je ne la remets pas sur la France en général. Parce que la

France, c'était le Général aussi. Bien sûr, beaucoup ont privilégié la collaboration, l'aide aux Allemands, le partage d'idées. Les Allemands ont trouvé des gouvernements qui se sont constitués et qui ont collaboré. On donne l'exemple du Danemark parce que le roi est resté et n'a jamais capitulé… J'ai eu l'occasion de rencontrer à plusieurs reprises la reine Beatrix des Pays-Bas, et je lui ai dit : « Vous avez de la chance parce que vous n'avez pas eu ce problème que nous avons eu, puisque votre grand-mère est partie en Angleterre. Donc vous n'avez pas été touchés par cet opprobre. » Elle m'a dit : « Ne croyez pas ça, beaucoup de Néerlandais pensent que le rôle du roi ou de la reine – c'était la reine, à l'époque, la reine Wilhelmine – c'était de rester dans le pays pour nous protéger. Vous voyez, il y a toujours une interprétation difficile. »

Si on considère la situation des Français déportés, par rapport à tous les autres pays qui ont été occupés – à l'exception du Danemark, mais je crois qu'il y avait cinq cents Juifs, enfin, qu'ils étaient très peu – c'est en France qu'il y a eu le moins de Juifs qui ont été exterminés. La proportion est… – je ne sais pas –, aux Pays-Bas c'est 80 %, en Grèce 90 %, en Pologne presque tout le monde. Même la Roumanie qui n'a pas été occupée, a connu en fait, par coopération entre les autorités roumaines et allemandes, des massacres épouvantables, la Hongrie a eu un pourcentage de Juifs assassinés terribles, beaucoup plus élevé qu'en France, puisque c'est à peu près le tiers des Juifs qui ont été déportés[1]...

C'est très largement grâce au courage des Français moyens. Le plus souvent, ils n'ont même pas voulu qu'on leur fasse des dossiers de Justes[2]. Ils pensaient avoir fait ce qu'ils devaient, en prenant des enfants chez eux, et en cachant des gens. Alors il y a eu des dénonciations, bien sûr, il ne faut pas les nier. Elles ont existé et elles sont même souvent restées dans les archives. Mais il y a eu aussi

1. D'après Serge Klarsfeld, sur près de 320 000 Juifs établis en France avant 1940, environ 74 150 ont été déportés, soit un taux de survie de 75 %, l'un des plus hauts dans l'Europe nazie, alors que seuls 25 % des Juifs des Pays-Bas et 45 % des Juifs de Belgique ont survécu. 560 000 Juifs hongrois ont été assassinés. 76 000 Juifs ont été déportés de France.

2. En 2007, sur proposition de la Fondation pour la Mémoire de la Shoah et de sa présidente Simone Veil, le président de la République Jacques Chirac a rendu un hommage solennel au nom de la Nation aux Justes de France et aux Français restés anonymes qui ont sauvé des Juifs sous l'Occupation, dans la crypte du Panthéon. À ce jour, le titre de Juste a été décerné à 4 150 personnes en France.

beaucoup de gens qui, au moment où on venait arrêter une famille, ont pris un enfant avec eux et ont dit : « Mais non, c'est mon enfant. » Des gens dont on ne pouvait pas du tout penser qu'ils avaient une vocation particulière. Il y a aussi eu des réseaux qui ont aidé à faire partir des enfants vers la Suisse ou vers l'Espagne. Quand on considère un pays, il ne faut pas considérer uniquement son gouvernement, les politiques ou ceux qui, simplement par ambition, par lâcheté, se positionnent par rapport à la force, mais aussi ce que représente la population moyenne, ce qu'elle pense, comment elle réagit, contrairement à ce qu'a pu montrer un film comme *Le Chagrin et la Pitié*.

C'est vrai que tous les Français n'ont pas été résistants, peut-être qu'on a un peu trop parlé de la Résistance, mais c'était aussi une façon de remonter le moral du pays, et il y a une chose concrète, objective, c'est le nombre d'arrestations. Elles sont beaucoup trop nombreuses, bien sûr, mais par rapport aux autres pays… ça montre que tout de même il y a eu beaucoup de solidarité.

L'avenir, l'Europe

Mon engagement pour l'Europe est très fortement lié à ma déportation. J'ai toujours pensé – mais Maman pensait la même chose quand nous étions en camp – que si on ne se réconciliait pas avec les Allemands – une vraie réconciliation –, avec les autres pays qui étaient concernés, bien sûr – la France et l'Allemagne l'étaient plus que les autres mais les autres pays aussi –, il y aurait de nouveau une catastrophe. Une catastrophe – la Première et la Seconde Guerre mondiale – dans laquelle il faut quand même bien voir que l'Europe a entraîné toute la planète. Et là, avec le fait que la bombe atomique a été entre-temps utilisée, on pouvait imaginer ce que serait une troisième guerre mondiale éventuellement. Vraiment, mon militantisme européen est venu de là. Je crois qu'on n'avait pas d'autre échéance.

C'était l'influence de Maman. J'ai évoqué la différence entre Papa et Maman dans leurs idées.

Mon père haïssait les Allemands et trouvait qu'on n'avait jamais été assez durs. Maman disait toujours qu'on aurait dû suivre Briand et Stresemann pour faire la réconciliation. Et je me suis dit, au point où on en est arrivés, ce qui est arrivé est tellement lourd, tellement terrible, que si on n'essaie pas de se réconcilier – je suis sûre que Maman pensait ça aussi – ce sera pire. S'il n'y a pas quelque chose qui fait qu'on est obligés de s'entendre avec les Allemands, on n'aura qu'une idée, c'est de reprendre le combat.

J'ai évoqué ma tante, la sœur de Maman, qui a perdu ce fils tué au front quelques jours avant la fin de la guerre – son mari avait perdu un frère quelques jours avant la fin de la guerre 14-18. Et elle était très européenne. Quand j'ai été élue présidente du Parlement européen, c'était une très grande joie pour elle, parce qu'elle pensait comme moi. Je ne sais pas quels étaient ses sentiments vis-à-vis des Alliés ou des Allemands, mais elle pensait aussi que c'était la seule solution, la seule possibilité. C'est d'ailleurs ce qui explique que j'aie souhaité pour un mois me mettre en congé du Conseil constitutionnel[1]. J'ai renoncé ainsi à mon traitement, à la voiture dont je disposais,

1. Pour mener campagne pour le oui au référendum pour le Traité constitutionnel européen en 2005.

à mon bureau, etc., parce que pour moi, ça fait partie de tout ce qui a fait ce que je suis et qui est tout de même la déportation, la mienne mais celle de tous mes proches, et celle des Juifs en général, ce massacre, cette extermination. Il faut savoir faire des concessions, des sacrifices, quelque chose de dur, même, affectivement, si on veut que les jeunes aient un avenir qui ne soit pas obéré dès le départ par des rancœurs, des haines, des désirs de revanche et de vengeance.

Chronologie

13 juillet 1927 : Naissance à Nice de Simone Jacob, fille d'André Jacob et d'Yvonne Steinmetz.

29 mars 1944 : Simone Jacob passe son baccalauréat à Nice.

30 mars 1944 : Simone Jacob est arrêtée en plein centre de Nice et emmenée à l'hôtel Excelsior, quartier général allemand.

7 avril 1944 : Simone Jacob, sa mère et sa sœur sont transférées à Drancy.

13 avril 1944 : Elles sont déportées à Auschwitz-Birkenau, convoi numéro 71.

16 avril 1944 : Simone Jacob est tatouée sur le bras du numéro 78651.

Juillet 1944 : Simone Jacob, sa mère et sa sœur sont transférées au camp de Bobrek.

18 janvier 1945 : Elles participent toutes les trois à la marche de la mort.

30 janvier 1945 : Simone Jacob, sa mère et sa sœur arrivent au camp de Bergen-Belsen.

15 mars 1945 : Yvonne Jacob meurt du typhus.

15 avril 1945 : Libération du camp de Bergen-Belsen par les troupes anglaises.

23 mai 1945 : Simone Jacob et sa sœur aînée sont rapatriées en France.

Septembre 1945 : Simone Jacob s'inscrit à Sciences po et à la faculté de droit.

Février 1946 : Simone Jacob rencontre Antoine Veil.

26 octobre 1946 : Mariage de Simone Jacob et d'Antoine Veil.

Juillet 1948 : Simone Veil est diplômée de la section service public de l'IEP de Paris.

1949-1953 : Les Veil s'expatrient en Allemagne.

Mai 1954 : Simone Veil suit un stage au parquet du Tribunal de Paris.

1956 : Elle réussit le concours de la magistrature.

1969 : Elle devient conseillère technique au cabinet du garde des Sceaux.

28 mai 1974 : Elle est nommée ministre de la Santé.

20 décembre 1974 : L'Assemblée nationale vote la loi sur l'interruption volontaire de grossesse défendue par Simone Veil.

17 janvier 1975 : La loi Veil qui autorise l'IVG est promulguée.

17 juillet 1979 : Simone Veil est élue présidente du Parlement européen.

31 mars 1993 : Elle est nommée ministre des Affaires sociales, de la Santé et de la Ville.

10 février 1998 : Elle est nommée membre du Conseil constitutionnel.

2001 : Elle préside la Fondation pour la Mémoire de la Shoah.

27 janvier 2005 : Elle se rend au camp de Birkenau avec le président Jacques Chirac pour prononcer une allocution au nom des anciens prisonniers juifs.

28 novembre 2008 : Elle est élue à l'Académie française.

12 avril 2013 : Mort d'Antoine Veil.

30 juin 2017 : Mort de Simone Veil.

1er juillet 2018 : Les dépouilles de Simone et d'Antoine Veil sont transférées au Panthéon.

TABLE

Cet ouvrage a été mis en pages par

<pixellence>

CET OUVRAGE
A ÉTÉ ACHEVÉ D'IMPRIMER
SUR ROTO-PAGE
PAR L'IMPRIMERIE FLOCH
À MAYENNE EN OCOTOBRE 2022

N° d'édition : 556333-0. N° d'impression : 101207
Dépôt légal : octobre 2022
Imprimé en France